HISTOIRE

DE MA VIE.

PARIS, TYPOGRAPHIE DE HENRI PLON,

RUE GARANCIÈRE, 8.

HISTOIRE
DE MA VIE

PAR

GEORGE SAND.

Charité envers les autres;
Dignité envers soi-même;
Sincérité devant Dieu.

Telle est l'épigraphe du livre que j'entreprends.

15 avril 1847.

GEORGE SAND.

TOME DIX-SEPTIÈME.

PARIS

VICTOR LECOU, ÉDITEUR,

RUE DU BOULOI, 10.

1855

TROISIÈME PARTIE.
(SUITE.)

CHAPITRE VINGT-SEPTIÈME.
(Suite.)

Le cloître Saint-Merry. — Je change de mansarde.

Je ne vis pas cette scène atroce, enveloppée dans les ombres de la nuit, mais j'en entendis les clameurs furieuses et les râles formidables; puis un silence de mort s'étendit sur la cité endormie de fatigue après les émotions de la crainte.

1.

Des bruits plus éloignés et plus
vagues attestaient pourtant une résistance sur un point inconnu. Le
matin, on put circuler et aller
chercher des aliments pour la journée, qui menaçait les habitants d'un
blocus à domicile. A voir l'appareil
des forces développées par le gou-
vernement, on ne se doutait guère
qu'il s'agissait de réduire une poignée d'hommes décidés à mourir.

Il est vrai qu'une nouvelle révolution pouvait sortir de cet acte
d'héroïsme désespéré : l'empire pour
le duc de Reichstadt et la monar-
chie pour le duc de Bordeaux, aussi
bien que la république pour le
peuple. Tous les partis avaient,

comme de coutume, préparé l'événement, et ils en convoitaient le profit; mais quand il fut démontré que ce profit, c'était la mort sur les barricades, les partis s'éclipsèrent, et le martyre de l'héroïsme s'accomplit à la face de Paris consterné d'une telle victoire.

La journée du 6 juin fut d'une solennité effrayante, vue du lieu élevé où j'étais. La circulation était interdite, la troupe gardait tous les ponts et l'entrée de toutes les rues adjacentes. A partir de dix heures du matin jusqu'à la fin de l'*exécution*, la longue perspective des quais déserts prit au grand soleil l'aspect d'une ville morte, comme si le cho-

léra eût emporté le dernier habi-
tant. Les soldats qui gardaient les
issues semblaient des fantômes frap-
pés de stupeur. Immobiles et comme
pétrifiés le long des parapets, ils ne
rompaient, ni par un mot ni par
un mouvement, la morne physio-
nomie de la solitude. Il n'y eut
d'êtres vivants, en de certains moments du jour, que les hirondelles
qui rasaient l'eau avec une rapidité
inquiète, comme si ce calme inusité
les eût effrayées. Il y eut des heures d'un silence farouche, que trou-
blaient seuls les cris aigres des
martinets autour des combles de
Notre-Dame. Puis tout à coup les
oiseaux éperdus rentrèrent au sein
des vieilles tours, les soldats re-

prirent leurs fusils qui brillaient en
faisceaux sur les ponts. Ils reçurent
des ordres à voix basse. Ils s'ou-
vrirent pour laisser passer des bandes de cavaliers qui se croisèrent,
les uns pâles de colère, les autres
brisés et ensanglantés. La population
captive reparut aux fenêtres et sur
les toits, avide de plonger du regard dans les scènes d'horreur qui
allaient se dérouler au delà de la
Cité. Le bruit sinistre avait commencé. Des feux de peloton son-
naient le glas des funérailles à in-
tervalles devenus réguliers. Assise à
l'entrée du balcon, et occupant Solange dans la chambre pour l'em-
pêcher de regarder dehors, je pouvais compter chaque assaut et chaque

réplique. Puis le canon tonna. A
voir le pont encombré de bran-
cards qui revenaient par la Cité en
laissant une traînée sanglante, je
pensai que l'insurrection, pour être
si meurtrière, était encore impor-
tante; mais ses coups s'affaiblirent;
on aurait presque pu compter le
nombre de ceux que chaque dé-
charge des assaillants avait empor-
tés. Puis le silence se fit encore une
fois, la population descendit des
toits dans la rue; les portiers des
maisons, caricatures expressives des
alarmes de la propriété, se crièrent
les uns aux autres d'un air de
triomphe : *C'est fini!* et les vain-
queurs qui n'avaient fait que regarder repassèrent en tumulte. Le

roi se promena sur les quais. La
bourgeoisie et la banlieue fraterni-
sèrent à tous les coins de rue. La
troupe fut digne et sérieuse. Elle
avait cru un instant à une seconde
révolution de juillet.

Pendant quelques jours, les abords
de la place et du quai Saint-Michel
conservèrent de larges taches de
sang, et la Morgue, encombrée de
cadavres dont les têtes superposées
faisaient devant les fenêtres comme
un massif de hideuse maçonnerie,
suinta un ruisseau rouge qui s'en
allait lentement sous les arches sans
se mêler aux eaux du fleuve. L'o-
deur était si fétide, et j'avais été
si navrée, autant, je l'avoue, devant

les pauvres soldats expirants que
devant les fiers prisonniers, que je
ne pus rien manger pendant quinze
jours. Longtemps après, je ne pouvais seulement voir de la viande; il
me semblait toujours sentir cette
odeur de boucherie qui avait monté
âcre et chaude à mon réveil les 6
et 7 juin, au milieu des bouffées
tardives du printemps.

Je passai l'automne à Nohant.
C'est là que j'écrivis *Valentine*, le
nez dans la petite armoire qui me
servait de bureau et où j'avais déjà
écrit *Indiana*.

L'hiver fut si froid dans ma
mansarde que je reconnus l'impos-

sibilité d'y écrire sans brûler plus de bois que mes finances ne me le permettaient. Delatouche quittait la sienne, qui était également sur les quais, mais au troisième seulement, et la face tournée au midi, sur des jardins. Elle était aussi plus spacieuse, confortablement arrangée, et depuis longtemps je nourrissais le doux rêve d'une cheminée à la prussienne. Il me céda son bail, et je m'installai au quai Malaquais, où je vis bientôt arriver Maurice, que son père venait de mettre au collége.

Me voici déjà à l'époque de mes premiers pas dans le monde des lettres, et, pressée d'établir le ca-

dre de ma vie extérieure, je n'ai
encore rien dit des petites tenta-
tives que j'avais faites pour arriver
à ce but. C'est donc le moment de
parler des relations que j'avais
nouées et des espérances qui m'a-
vaient soutenue.

CHAPITRE VINGT-HUITIÈME.

Nous étions alors trois Berrichons
à Paris, Félix Pyat, Jules Sandeau
et moi, apprentis littéraires sous
la direction d'un quatrième Berrichon, M. Delatouche. Ce maître
eût dû, et il eût voulu, sans
doute, être un lien entre nous, et

nous comptions ne faire qu'une famille en Apollon, dont il eût été le père. Mais son caractère aigri, susceptible et malheureux, trahit les intentions et les besoins de son cœur. qui était bon, généreux et tendre. Il se brouilla tour à tour avec nous trois, après nous avoir un peu brouillés ensemble.

J'ai dit, dans un article nécrologique assez détaillé sur M. Delatouche, tout le bien et tout le mal qui étaient en lui, et j'ai pu dire le mal sans manquer en rien à la reconnaissance que je lui devais et à la vive amitié que je lui avais rendue plusieurs années avant sa

mort. Pour montrer combien ce
mal, c'est-à-dire cette douleur inquiète, cette susceptibilité maladive,
cette misanthropie, en un mot,
était fatale et involontaire, je n'ai
eu qu'à citer des fragments de ses
lettres, où lui-même, en quelques
mots pleins de grâce et de force,
se peignait dans sa grandeur et
dans sa souffrance. J'avais déjà écrit
sur lui, pendant sa vie, avec le
même sentiment de respect et d'af-
fection. Je n'ai jamais eu rien à
me reprocher envers lui, pas même
l'ombre d'un tort, et je n'aurais
jamais su comment et pourquoi
j'avais pu lui déplaire, si je n'avais
vu par moi-même, au déclin rapide de sa vie, combien il était

profondément atteint d'une hypo-
condrie sans ressources.

Il m'a rendu justice en voyant
que j'étais juste envers lui, c'est-à-
dire prompte à courir à lui dès
qu'il m'ouvrit des bras paternels,
sans me souvenir de ses colères et
de ses injustices mille fois répa-
rées, selon moi, par un élan, par
un repentir, par une larme de
son cœur.

Je ne pourrais résumer ici l'ensemble de son caractère et de ses
rapports avec moi personnellement,
comme je l'ai fait dans un opus-
cule spécial, sans sortir de l'ordre
de mon récit, faute que j'ai déjà

trop commise et qui m'a paru
souvent inévitable, les personnes et
les choses ayant besoin de se com-
pléter dans le souvenir de celui qui
en parle pour être bien appréciées,
et jugées, en dernier ressort, équi-
tablement [1].

Mais pour ne point m'arrêter à
chaque pas dans ma narration, je
dirai simplement ici quels rapports
s'étaient établis entre nous lorsque
je publiai *Indiana* et *Valentine*.

Mon bon vieux ami Duris–Du-
fresne, à qui, des premiers, j'avais

[1] Encore une raison pour ne parler des vivants
qu'avec réserve.

2.

confié mon projet d'écrire, avait
voulu me mettre en relations avec
Lafayette, assurant qu'il me pren-
drait en amitié, que je lui serais
très-sympathique et qu'il me lan-
cerait avec sollicitude dans le monde
des arts, où il avait de nombreuses
relations. Je me refusai à cette en-
trevue, bien que j'eusse aussi beaucoup de sympathie pour Lafayette,
que j'allais quelquefois écouter à la
tribune, conduite par mon *papa*
(c'est ainsi que les huissiers de la
chambre appelaient mon vieux dé-
puté quand nous nous cherchions
dans les couloirs après la séance);
mais je me trouvais si peu de
chose, que je ne pus prendre sur
moi d'aller occuper de ma mince

personnalité le patriarche du libé-
ralisme.

Et puis, si j'avais besoin d'un patron littéraire, c'était bien plus comme
conseil que comme appui. Je désirais savoir, avant tout, si j'avais
quelque talent, et je craignais de
prendre un goût pour une faculté.
M. Duris-Dufresne, à qui j'avais lu,
bien en secret, quelques pages, à
Nohant, sur l'émigration des nobles
en 89, me tenait naïvement pour
un grand esprit; mais je me défiais
beaucoup de sa partialité et de sa
galanterie. D'ailleurs il ne s'intéressait
qu'aux choses politiques, et c'est à
quoi je me sentais le moins portée.

Je lui observai que les amis
étaient trop volontiers éblouis, et
qu'il me faudrait un juge sans préventions. « Mais n'allons pas le
chercher si haut, lui disais-je ; les
gens trop célèbres n'ont pas le
temps de s'arrêter aux choses trop
secondaires. »

Il me proposa un de ses collè-
gues à la chambre, M. de Kératry,
qui faisait des romans, et qu'il me
donna pour un juge fin et sévère. J'avais lu le *Dernier des Beau-*
manoir, ouvrage fort mal fait, bâti
sur une donnée révoltante, mais à
laquelle le goût épicé du roman-
tisme faisait grâce en faveur de
l'audace. Il y avait cependant dans

cet ouvrage des pages assez belles
et assez touchantes, un mélange bizarre de dévotion bretonne et d'a-
berration romanesque, de la jeunesse dans l'idée, de la vieillesse
dans les détails. « Votre illustre
collègue est un fou, dis-je à mon
papa, et quant à son livre, j'en
pourrais quelquefois faire d'aussi
mauvais. Cependant on peut être
bon juge et méchant praticien. L'ouvrage n'est toujours pas d'un imbé-
cile, il s'en faut. Voyons M. de Kératry. Mais je loge sous les toits, vous
me dites qu'il est vieux et marié.
Demandez-lui son heure. J'irai chez
lui. »

Dès le lendemain, j'eus rendez-

vous chez M. de Kératry à huit
heures du matin. C'était bien matin. J'avais les yeux gros comme le
poing, j'étais complétement stupide.

M. de Kératry me parut plus âgé
qu'il ne l'était. Sa figure, encadrée
de cheveux blancs, était fort respectable. Il me fit entrer dans une
jolie chambre où je vis, couchée
sous un couvre-pieds de soie rose
très-galant, une charmante petite
femme qui jeta un regard de pitié
languissante sur ma robe de stoff
et sur mes souliers crottés, et qui
ne crut pas devoir m'inviter à m'asseoir.

Je me passai de la permission et

demandai à mon nouveau patron,
en me fourrant dans la cheminée,
si mademoiselle sa fille était malade. Je débutais par une insigne
bêtise. Le vieillard me répondit d'un
air tout gonflé d'orgueil armori-
cain que c'était là madame de Kératry, sa femme. « Très-bien, lui
dis-je, je vous en fais mon com-
pliment; mais elle est malade, et
je la dérange. Donc je me chauffe
et je m'en vas. — Un instant, reprit
le protecteur; M. Duris-Dufresne
m'a dit que vous vouliez écrire, et
j'ai promis de causer avec vous de
ce projet; mais tenez, en deux mots,
je serai franc, une femme ne doit
pas écrire. — Si c'est votre opinion,
nous n'avons point à causer, re-

pris-je. Ce n'était pas la peine de
nous éveiller si matin, madame de
Kératry et moi, pour entendre ce
précepte. »

Je me levai et sortis sans humeur, car j'avais plus envie de rire
que de me fàcher. M. de Kératry
me suivit dans l'antichambre et m'y
retint quelques instants pour me
développer sa théorie sur l'infério-
rité des femmes, sur l'impossibilité
où était la plus intelligente d'entre
elles d'écrire un bon ouvrage (le
Dernier des Beaumanoir apparemment); et, comme je m'en allais
toujours sans discuter et sans lui
rien dire de piquant, il termina sa
harangue par un trait napoléonien

qui devait m'écraser. « Croyez-moi,
me dit-il gravement comme j'ouvrais la dernière porte de son sanctuaire, ne faites pas de livres, faites
des enfants. — Ma foi, monsieur,
lui répondis-je en pouffant de rire
et en lui fermant sa porte sur le
nez, gardez le précepte pour vous-
même, si bon vous semble. »

Delatouche a arrangé ma réponse
depuis en racontant cette belle en-
trevue. Il m'a fait dire *faites-en
vous-même si vous pouvez.* Je ne
fus ni si méchante ni si spirituelle,
d'autant plus que sa petite femme
avait l'air d'un ange de candeur.
Je retournai chez moi fort divertie
de l'originalité de ce Chrysale ro-

mantique et bien certaine que je
ne m'élèverais jamais à la hauteur
de ses inventions littéraires. On sait
que le sujet du *Dernier des Beaumanoir* est le viol d'une femme que
l'on croit morte par le prêtre
chargé de l'ensevelir. Ajoutons cependant, pour rester équitable, que
le livre a de très-belles pages.

Je fis rire Duris-Dufresne aux
larmes en lui racontant l'aventure.
En même temps, il était furieux
et voulait pourfendre son Breton
bretonnant. Je le calmai en lui disant que je ne donnerais pas ma
matinée pour.... un éditeur !

Il ne combattit plus dès lors

mon projet d'aller voir Delatouche,
contre lequel il m'avait exprimé
jusque-là de fortes préventions. Je
n'avais qu'un mot à écrire, mon
nom eût suffi pour m'assurer un
bon accueil de mon compatriote.
J'étais intimement liée avec sa famille. Il était cousin des Duvernet,
et son père avait été lié avec le
mien.

Il m'appela et me reçut paternellement. Comme il savait déjà
par Félix Pyat mon colloque avec
M. de Kératry, il mit toute la coquetterie de son esprit, qui était d'une
trempe exquise et d'un brillant re-
marquable, à soutenir la thèse
contraire. « Mais ne vous faites

pas d'illusions, cependant, me dit-il.
La littérature est une ressource
illusoire, et moi qui vous parle,
malgré toute la supériorité de ma
barbe, je n'en tire pas quinze cents
francs par an, l'un dans l'autre.

— Quinze cents francs! m'é-
criai-je; mais si j'avais quinze cents
francs à joindre à ma petite pen-
sion, je m'estimerais très-riche, et
je ne demanderais plus rien au
ciel ni aux hommes, pas même
une barbe!

— Oh! reprit-il en riant, si vous
n'avez pas plus d'ambition que cela,
vous simplifiez la question. Ce ne sera
pas encore la chose la plus facile

du monde que de gagner quinze cents
francs, mais c'est possible, si vous ne
vous rebutez pas des commencements.

Il lut un roman dont je ne me
rappelle même plus le titre ni le
sujet, car je l'ai brûlé peu de
temps après. Il le trouva, avec raison, détestable. Cependant il me
dit que je devais en savoir faire
un meilleur, et que peut-être un
jour j'en pourrais faire un bon.
« Mais il faut vivre pour connaître la
vie, ajouta-t-il. Le roman, c'est la
vie racontée avec art. Vous êtes
une nature d'artiste, mais vous igno-
rez la réalité, vous êtes trop dans
le rêve. Patientez avec le temps et
l'expérience, et soyez tranquille :

ces deux tristes *conseilleurs* vien-
dront assez vite. Laissez-vous ensei-
gner par la destinée et tâchez de
rester poëte. Vous n'avez pas autre
chose à faire. »

Cependant, comme il me voyait
assez embarrassée de suffire à la
vie matérielle, il m'offrit de me
faire gagner quarante ou cinquante
francs par mois, si je pouvais
m'employer à la rédaction de son
petit journal. Pyat et Sandeau
étaient déjà occupés à cette besogne. J'y fus associée un peu par-
dessus le marché.

Delatouche avait acheté le *Figaro*,
et il le faisait à peu près lui-même,

au coin de son feu, en causant tantôt avec ses rédacteurs, tantôt avec
les nombreuses visites qu'il recevait.
Ces visites, quelquefois charmantes, quelquefois risibles, posaient
un peu, sans s'en douter, pour le
secrétariat respectable qui, retran-
ché dans les petits coins de l'ap-
partement, ne se faisait pas faute
d'écouter et de critiquer.

J'avais ma petite table et mon
petit tapis auprès de la cheminée ;
mais je n'étais pas très-assidue à ce
travail, auquel je n'entendais rien.
Delatouche me prenait un peu au
collet pour me faire asseoir ; il me
jetait un sujet et me donnait un
petit bout de papier sur lequel il

fallait le faire tenir. Je barbouillais
dix pages que je jetais au feu et où
je n'avais pas dit un mot de ce
qu'il fallait traiter. Les autres
avaient de l'esprit, de la verve, de
la facilité. On causait et on riait.
Delatouche était étincelant de
causticité. J'écoutais, je m'amusais
beaucoup, mais je ne faisais rien
qui vaille, et, au bout du mois, il
me revenait douze francs cinquante
centimes ou quinze francs tout au
plus pour ma part de collaboration,
encore était-ce trop bien payé.

Delatouche était adorable de
grâce paternelle, et il se rajeunis-
sait avec nous jusqu'à l'enfantillage.

Je me rappelle un dîner que nous
lui donnâmes chez Pinson et une
fantastique promenade au clair de
la lune que nous lui fîmes faire à
travers le quartier Latin. Nous
étions suivis d'un sapin qu'il avait
pris à l'heure pour aller je ne sais
où et qu'il garda jusqu'à minuit
sans pouvoir se dépêtrer de notre
folle compagnie. Il y remonta bien
vingt fois et en descendit toujours,
persuadé par nos raisons. Nous al-
lions sans but et nous voulions lui
prouver que c'était la plus agréable
manière de se promener. Il la goû-
tait assez, car il nous cédait sans
trop de combat. Le cocher de fiacre, victime de nos taquineries,
avait pris son mal en patience, et

3.

je me souviens qu'arrivés, je ne
sais pourquoi ni comment, à la
montagne Sainte-Geneviève, comme
il allait fort lentement dans la rue
déserte, nous nous occupions à traverser la voiture, à la file les uns
des autres, laissant les portières ou-
vertes et les marche-pieds baissés,
et chantant je ne sais plus quelle
facétie sur un ton lugubre : je ne
sais pas non plus pourquoi cela
nous paraissait drôle et pourquoi
Delatouche riait de si bon cœur. Je
crois que c'était la joie de se sentir
bête une fois en sa vie. Pyat pré-
tendait avoir un but, qui était de
donner une sérénade à tous les
épiciers du quartier, et il allait de
boutique en boutique chantant à

pleine voix : *Un épicier c'est une rose.*

C'est la seule fois que j'aie vu Delatouche véritablement gai, car son esprit, habituellement satirique, avait un fonds de spleen qui rendait souvent son enjouement mortellement triste. « Sont-ils heureux ! me disait-il, en me donnant le bras à l'arrière-garde, tandis que les autres couraient devant en faisant leur tapage ; ils n'ont bu que de l'eau rougie et ils sont ivres ! Quel bon vin que la jeunesse ! et quel bon rire que celui qui n'a pas besoin de motif ! Ah ! si l'on pouvait s'amuser comme cela deux jours de suite ! mais aussitôt que l'on sait

de quoi et de qui l'on s'amuse, on
ne s'amuse plus, on a envie de
pleurer. »

Le grand chagrin de Delatouche
était de vieillir. Il n'en pouvait
prendre son parti, et c'est lui qui
disait : « On n'a jamais cinquante
ans, on a deux fois vingt-cinq
ans. » Malgré cette révolte de son
esprit, il était plus vieux que son
âge. Déjà malade, et aggravant son
mal par l'impatience avec laquelle
il le supportait, il était souvent,
le matin, d'une humeur irascible
devant laquelle je m'esquivais sans
rien dire. Puis il me rappelait ou
venait me chercher, ne se donnant
jamais tort, mais effaçant par mille

gracieusetés et mille gâteries de
papa le chagrin qu'il avait causé.

Quand j'ai cherché plus tard la
cause de sa soudaine aversion, on
m'a dit qu'il avait été amoureux de
moi, jaloux sans en convenir, et
blessé de n'avoir jamais été deviné.
Cela n'est pas. Je me méfiais de
lui au commencement, M. Duris-Dufresne m'ayant mise en garde par
ses propres préventions. J'aurais
donc eu à son égard la pénétra-
tion qui m'a souvent manqué à
temps en d'autres circonstances,
faute de coquetterie suffisante. Mais
là, j'avais à bien voir si ma confiance tomberait sur un cœur désintéressé, et je constatai bientôt que

la jalousie de notre patron, comme
nous l'appelions, était tout intellectuelle et s'exerçait sur tout ce qui
l'approchait, sans acception d'âge ni
de sexe.

C'était un ami, et surtout un
maître jaloux par nature, comme
le vieux Porpora que j'ai dépeint
dans un de mes romans. Quand il
avait couvé une intelligence, déve-
loppé un talent, il ne voulait plus
souffrir qu'une autre inspiration ou
qu'une autre assistance que la sienne
osât en approcher.

Un de mes amis qui connaissait
un peu Balzac m'avait présentée à
lui, non comme une muse de dé-

partement, mais comme une bonne
personne de province très-émerveil-
lée de son talent. C'était la vérité.
Bien que Balzac n'eût pas encore
produit ses chefs-d'œuvre à cette
époque, j'étais vivement frappée de
sa manière neuve et originale, et
je le considérais déjà comme un
maître à étudier. Balzac avait été,
non pas charmant pour moi à la
manière de Delatouche, mais excellent aussi, avec plus de rondeur
et d'égalité de caractère. Tout le
monde sait comme le contentement
de lui-même, contentement si bien
fondé qu'on le lui pardonnait, dé-
bordait en lui; comme il aimait à
parler de ses ouvrages, à les raconter d'avance, à les faire en

causant, à les lire en brouillons ou
en épreuves. Naïf et *bon enfant* au
possible, il demandait conseil aux
enfants, n'écoutait pas la réponse,
ou s'en servait pour la combattre
avec l'obstination de sa supériorité.
Il n'enseignait jamais, il parlait de
lui, de lui seul. Une seule fois il
s'oublia pour nous parler de Ra-
belais, que je ne connaissais pas
encore. Il fut si merveilleux, si
éblouissant, si lucide, que nous
nous disions en le quittant : « Oui,
oui, décidément, il aura tout l'a-
venir qu'il rêve; il comprend trop
bien ce qui n'est pas lui, pour ne
pas faire de lui-même une grande
individualité. »

Il demeurait alors rue de Cassini, dans un petit entre-sol très-gai, à côté de l'Observatoire. C'est par lui ou chez lui, je crois, que je fis connaissance avec Emmanuel Arago, un homme qui devait devenir un frère pour moi, et qui était alors un enfant. Je me liai vite avec lui, pouvant me donner avec lui des airs de grand'mère, car il était encore si jeune que ses bras avaient grandi dans l'année plus que ne le comportaient ses manches. Il avait pourtant commis déjà un volume de vers et une pièce de théâtre fort spirituelle.

Un beau matin Balzac, ayant bien vendu la *Peau de Chagrin*, méprisa

son entre-sol et voulut le quitter;
mais, réflexion faite, il se contenta
de transformer ses petites chambres
de poëte en un assemblage de
boudoirs de marquise, et, un beau
jour, il nous invita à venir prendre des glaces dans ses murs ten-
dus de soie et bordés de dentelle.
Cela me fit beaucoup rire; je ne
pensais pas qu'il prît au sérieux ce
besoin d'un *vain luxe*, et que ce
fût pour lui autre chose qu'une
fantaisie passagère. Je me trompais;
ces besoins d'imagination coquette
devinrent les tyrans de sa vie, et
pour les satisfaire il sacrifia souvent le bien-être le plus élémen-
taire. Dès lors il vivait un peu
ainsi, manquant de tout au milieu

de son superflu, et se privant de soupe et de café plutôt que d'argenterie et de porcelaine de Chine.

Réduit bientôt à des expédients fabuleux pour ne pas se séparer de colifichets qui réjouissaient sa vue, artiste fantaisiste, c'est-à-dire enfant aux rêves d'or, il vivait par le cerveau dans le palais des fées ; homme opiniâtre cependant, il acceptait, par la volonté, toutes les inquiétudes et toutes les souffrances, plutôt que de ne pas forcer la réalité à garder quelque chose de son rêve.

Puéril et puissant, toujours en-

vieux d'un *bibelot*, et jamais jaloux
d'une gloire; sincère jusqu'à la modestie, vantard jusqu'à la hâblerie,
confiant en lui-même et aux autres, très-expansif, très-bon et très-
fou, avec un sanctuaire de raison
intérieure, où il rentrait pour tout
dominer dans son œuvre; cynique
dans la chasteté, ivre en buvant
de l'eau, intempérant de travail et
sobre d'autres passions, positif et
romanesque avec un égal excès,
crédule et sceptique, plein de con-
trastes et de mystères, tel était
Balzac encore jeune, déjà inexpli-
cable pour quiconque se fatiguait
de la trop constante étude de lui-
même à laquelle il condamnait ses
amis, et qui ne paraissait pas en-

core à tous aussi intéressante qu'elle
l'était réellement.

En effet, à cette époque, beaucoup de juges, compétents d'ailleurs, niaient le génie de Balzac,
ou tout au moins ne le croyaient
pas destiné à une si puissante car-
rière de développement. Delatouche
était des plus récalcitrants. Il parlait de lui avec une aversion effrayante. Balzac avait été son disciple,
et leur rupture, dont ce dernier
n'a jamais su le motif, était toute
fraîche et toute saignante. Delatouche ne donnait aucune bonne raison à son ressentiment, et Balzac
me disait souvent : « Gare à vous!
vous verrez qu'un beau matin, sans

vous en douter, sans savoir pourquoi, vous trouverez en lui un ennemi mortel. »

Delatouche eut évidemment tort
à mes yeux en dénigrant Balzac,
qui ne parlait de lui qu'avec regret
et douceur; mais Balzac eut tort
de croire à une inimitié irréconci-
liable. Il eût pu le ramener avec
le temps.

C'était trop tôt alors. J'essayai en
vain plusieurs fois de dire à Delatouche ce qui pouvait les rappro-
cher. La première fois il sauta au
plafond. « Vous l'avez donc vu? s'é-
cria-t-il; vous le voyez donc? Il ne
me manquait plus que ça! » Je crus

qu'il allait me jeter par les fenêtres.
Il se calma, bouda, revint, et finit
par *me passer mon Balzac,* en
voyant que cette sympathie n'enle-
vait rien à celle qu'il réclamait.
Mais, à chaque nouvelle relation
littéraire que je devais établir ou
accepter, Delatouche devait entrer
dans les mêmes colères, et même
les indifférents lui paraissaient des
ennemis s'ils ne m'avaient pas été
présentés par lui.

Je parlai fort peu de mes projets littéraires à Balzac. Il n'y crut
guère, ou ne songea pas à examiner si j'étais capable de quelque
chose. Je ne lui demandai pas de
conseils, il m'eût dit qu'il les gar-

dait pour lui-même; et cela, autant
par ingénuité de modestie que par
ingénuité d'égoïsme; car il avait sa
manière d'être modeste sous l'apparence de la présomption, je l'ai re-
connu depuis, avec une agréable
surprise ; et quant à son égoïsme,
il avait aussi ses réactions de dévouement et de générosité.

Son commerce était fort agréable,
un peu fatigant de paroles pour
moi qui ne sais pas assez répondre
pour varier les sujets de conversation; mais son âme était d'une
grande sérénité, et en aucun moment je ne l'ai vu maussade. Il
grimpait avec son gros ventre tous
les étages de la maison du quai

Saint-Michel et arrivait soufflant,
riant et racontant sans reprendre
haleine. Il prenait des paperasses
sur ma table, y jetait les yeux et
avait l'intention de s'informer un
peu de ce que ce pouvait être;
mais aussitôt, pensant à l'ouvrage
qu'il était en train de faire, il se
mettait à le raconter, et, en
somme, je trouvais cela plus in-
structif que tous les empêchements
que Delatouche, questionneur déses-
pérant, apportait à ma fantaisie.

Un soir que nous avions dîné
chez Balzac d'une manière étrange,
je crois que cela se composait de
bœuf bouilli, d'un melon et de
champagne frappé, il alla endosser

4.

une belle robe de chambre toute
neuve, pour nous la montrer avec
une joie de petite fille, et voulut
sortir ainsi costumé, un bougeoir à
la main, pour nous reconduire jusqu'à la grille du Luxembourg. Il
était tard, l'endroit désert, et je
lui observais qu'il se ferait assas-
siner en rentrant chez lui. « Du
tout, me dit-il; si je rencontre des
voleurs, ils me prendront pour un
fou, et ils auront peur de moi,
ou pour un prince, et ils me res-
pecteront. Il faisait une belle nuit
calme. Il nous accompagna ainsi,
portant sa bougie allumée dans un
joli flambeau de vermeil ciselé,
parlant des quatre chevaux arabes
qu'il n'avait pas encore, qu'il aurait

bientôt, qu'il n'a jamais eus, et qu'il a cru fermement avoir pendant quelque temps. Il nous eût reconduits jusqu'à l'autre bout de Paris, si nous l'avions laissé faire.

Je ne connaissais pas d'autres célébrités et ne désirais pas en connaître. Je rencontrais une telle opposition d'idées, de sentiments et de systèmes entre Balzac et Delatouche, que je craignais de voir ma pauvre tête se perdre dans un chaos de contradictions, si je prêtais l'oreille à un troisième maître. Je vis, à cette époque, une seule fois, Jules Janin pour lui demander un service. C'est la seule démarche que j'aie jamais faite auprès de la

critique, et comme ce n'était pas
pour moi, je n'y eus aucun scrupule. Je trouvai en lui un bon
garçon sans affectation et sans éta-
lage d'aucune vanité, ayant le bon
goût de ne pas montrer son esprit sans nécessité, et parlant de ses
chiens avec plus d'amour que de
ses écrits. Comme j'aime aussi les
chiens, je me trouvai fort à l'aise;
une conversation littéraire avec un
inconnu m'eût affreusement intimidée.

J'ai dit que Delatouche était dés-
espérant. Il était ainsi pour lui-
même et travaillait à se dégoûter
de tout ce qu'il entreprenait. Il se
laissait aller, de temps en temps, à

raconter ses romans d'avance, avec
plus de discrétion et d'intimité que
Balzac, mais avec plus de complai-
sance encore s'il se voyait bien
écouté. Par exemple, il ne fallait
pas s'aviser de remuer un meuble,
de tisonner ou d'éternuer dans ces
moments-là : il s'interrompait aussitôt pour vous demander, avec une
sollicitude polie, si vous étiez en-
rhumé ou si vous aviez des inquiétudes dans les jambes; et, feignant
d'avoir oublié son roman, il se faisait beaucoup prier pour faire semblant de chercher à le retrouver. Il
avait mille fois moins de talent
pour écrire que Balzac; mais
comme il en avait mille fois plus
pour déduire ses idées par la pa-

role, ce qu'il racontait admirablement paraissait admirable, tandis
que ce que Balzac racontait d'une
manière souvent impossible ne repré-
sentait souvent qu'une œuvre impossible. Mais quand l'ouvrage de
Delatouche était imprimé, on y
cherchait en vain le charme et la
beauté de ce qu'on avait entendu,
et on avait la surprise contraire en
lisant Balzac. Balzac savait qu'il ex-
posait mal, non pas sans feu et
sans esprit, mais sans ordre et sans
clarté. Aussi préférait-il lire quand
il avait son manuscrit sous la main,
et Delatouche, qui faisait cent romans sans les écrire, n'avait presque jamais rien à lire; ou c'étaient
quelques pages qui ne rendaient pas

son projet et qui l'attristaient visi-
blement. Il n'avait pas de facilité;
aussi avait-il la fécondité en horreur et trouvait-il contre celle de
Balzac (sans songer à celle de Wal-
ter Scott qu'il adorait) les invectives les plus bouffonnes et les com-
paraisons les plus médicinales.

J'ai toujours pensé que Delatouche dépensait trop de véritable talent en paroles. Balzac ne dépensait que de la folie. Il jetait là son
trop-plein et gardait sa sagesse
profonde pour son œuvre. Delatouche s'épuisait en démonstrations
excellentes, et, quoique riche, ne
l'était pas assez pour se montrer
si généreux.

Et puis, sa fatale santé paraly-
sait son essor au moment où il
déployait ses ailes. Il a fait de
beaux vers, faciles et pleins, mêlés
à des vers tiraillés et un peu vi-
des; des romans très-remarquables,
très-originaux, et des romans très-
faibles et très-lâchés; des articles
très-mordants, très-ingénieux, et
d'autres si personnels qu'ils étaient
incompréhensibles et, partant, sans
intérêt pour le public. Ce haut et
ce bas d'une intelligence d'élite s'ex-
pliquent par le cruel va-et-vient
de la maladie.

Delatouche avait aussi le malheur
de s'occuper trop de ce que faisaient les autres. A cette époque, il

lisait tout. Il recevait, comme jour-
naliste, tout ce qui paraissait, fei-
gnait de n'y pas jeter les yeux et
remettait l'exemplaire au premier
venu de ses rédacteurs en lui disant : « Avalez la médecine; vous
êtes jeune, elle ne vous tuera pas.
Dites de l'ouvrage ce que vous vou-
drez, je ne veux pas savoir ce que
c'est. » — Mais quand on lui apportait le compte rendu, il critiquait
la critique avec une netteté qui
prouvait qu'il avait, le premier,
avalé la médecine et même savouré
l'âcre saveur qui le tentait.

J'eusse été bien sotte de ne pas
écouter tout ce que me disait Delatouche; mais cette perpétuelle

analyse de toutes choses, cette dis-
section des autres et de lui-même,
toute cette critique brillante et souvent juste, qui aboutissait à la né-
gation de lui-même et des autres,
attristaient singulièrement mon esprit, et tant de lisières commen-
çaient à me donner des crampes.
J'apprenais tout ce qu'il ne faut pas
faire, rien de ce qu'il faut faire, et
je perdais toute confiance en moi.

Je reconnaissais, je reconnais encore que Delatouche me rendait
grand service en m'amenant à hésiter. A cette époque, on faisait
les choses les plus étranges en littérature. Les excentricités du génie
de Victor Hugo, jeune, avaient enivré

la jeunesse, ennuyée des vieilles ren-
gaines de la Restauration. On ne trouvait plus Chateaubriand assez romantique; c'était tout au plus si le
maître nouveau l'était assez pour les
appétits féroces qu'il avait excités.
Les marmots de sa propre école,
ceux qu'il n'eût jamais acceptés pour
disciples, et qui le sentaient bien,
voulaient l'*enfoncer* en le dépassant.
On cherchait des titres impossibles,
des sujets dégoûtants, et, dans cette
course au clocher d'affiches ébou-
riffantes, des gens de talent eux-
mêmes subissaient la mode et,
couverts d'oripeaux bizarres, se
précipitaient dans la mêlée.

J'étais bien tentée de faire comme

les autres écoliers, puisque les maîtres donnaient le mauvais exemple,
et je cherchais des bizarreries que
je n'eusse jamais pu exécuter. Parmi
les critiques du moment qui résis-
taient à ce cataclysme, Delatouche
avait du discernement et du goût,
en ce qu'il faisait la part du beau
et du bon dans les deux écoles. Il
me retenait sur cette pente glissante
par des moqueries comiques et des
avis sérieux. Mais il me jetait tout
aussitôt dans des difficultés inextri-
cables. « Fuyez le pastiche, disait-il.
» Servez-vous de votre propre
» fonds; lisez dans votre vie, dans
» votre cœur; rendez vos impres-
» sions. » Et quand nous avions
causé n'importe de quoi, il me disait :

« Vous êtes trop absolue dans vo-
» tre sentiment, votre caractère est
» trop à part; vous ne connaissez
» ni le monde, ni les individus.
» Vous n'avez pas vécu et pensé
» comme tout le monde. Vous êtes
» un cerveau creux. » Je me disais qu'il avait raison, et je retour-
nais à Nohant, décidée à faire des
boites à thé et des tabatières de
Spa.

Enfin je commençai *Indiana*, sans
projet et sans espoir, sans aucun
plan, mettant résolûment à la porte
de mon souvenir tout ce qui m'a-
vait été posé en précepte ou en
exemple, et ne fouillant ni dans la
manière des autres, ni dans ma

propre individualité pour le sujet
et les types. On n'a pas manqué de
dire qu'*Indiana* était ma personne
et mon histoire. Il n'en est rien.
J'ai présenté beaucoup de types de
femmes, et je crois que quand on
aura lu cet exposé des impressions
et des réflexions de ma vie, on
verra bien que je ne me suis jamais mise en scène sous des traits
féminins. Je suis trop romanesque
pour avoir vu une héroïne de roman dans mon miroir. Je ne me
suis jamais trouvée ni assez belle,
ni assez aimable, ni assez logique
dans l'ensemble de mon caractère
et de mes actions pour prêter à la
poésie ou à l'intérêt, et j'aurais eu
beau chercher à embellir ma per-

sonne et à dramatiser ma vie, je
n'en serais pas venue à bout. Mon
moi, me revenant face à face, m'eût
toujours refroidie.

Je suis loin de dire qu'un artiste
n'ait pas le droit de se peindre et
de se raconter, et plus il se cou-
ronnera des fleurs de la poésie
pour se montrer au public, mieux
il fera, s'il a assez d'habileté pour
qu'on ne le reconnaisse pas trop
sous cette parure, ou s'il est assez
beau pour qu'elle ne le rende pas
ridicule. Mais, en ce qui me con-
cerne, j'étais d'une étoffe trop bi-
garrée pour me prêter à une idéalisation quelconque. Si j'avais voulu
montrer le fond sérieux, j'aurais

raconté une vie qui, jusqu'alors,
avait plus ressemblé à celle du
moine *Alexis* (dans le roman peu
récréatif de *Spiridion*) qu'à celle
d'Indiana la créole passionnée. Ou
bien, si j'avais pris l'autre face de
ma vie, mes besoins d'enfantillage,
de gaieté, de bêtise absolue, j'aurais fait un type si invraisembla-
ble, que je n'aurais rien trouvé à
lui faire dire et à lui faire faire
qui eût le sens commun.

Je n'avais pas la moindre théorie
quand je commençai à écrire, et
je ne crois pas en avoir jamais eu,
quand une envie de roman m'a
mis la plume à la main. Cela n'em-
pêche pas que mes instincts ne

m'aient fait, à mon insu, la théorie
que je vais établir, que j'ai générale-
ment suivie sans m'en rendre
compte, et qui, à l'heure où j'écris,
est encore en discussion.

Selon cette théorie, le roman serait une œuvre de poésie autant
que d'analyse. Il y faudrait des situations vraies et des caractères
vrais, réels même, se groupant autour d'un type destiné à résumer
le sentiment ou l'idée principale
du livre. Ce type représente géné-
ralement la passion de l'amour,
puisque presque tous les romans
sont des histoires d'amour. Selon la
théorie annoncée (et c'est là qu'elle
commence), il faut idéaliser cet

5.

amour, ce type, par conséquent, et
ne pas craindre de lui donner toutes les puissances dont on a l'aspiration en soi-même, ou toutes les
douleurs dont on a vu ou senti la
blessure. Mais, en aucun cas, il ne
faut l'avilir dans le hasard des événements; il faut qu'il meure ou
triomphe, et on ne doit pas craindre de lui donner une importance
exceptionnelle dans la vie, des forces au-dessus du vulgaire, des
charmes ou des souffrances qui dé-
passent tout à fait l'habitude des
choses humaines, et même un peu
le vraisemblable admis par la plupart des intelligences.

En résumé, idéalisation du sen-

timent qui fait le sujet, en laissant
à l'art du conteur le soin de pla-
cer ce sujet dans des conditions et
dans un cadre de réalité assez sensible pour le faire ressortir, si, tou-
tefois, c'est bien un roman qu'il
veut faire.

Cette théorie est-elle vraie? Je
crois que oui; mais elle n'est pas,
elle ne doit pas être absolue. Balzac,
avec le temps, m'a fait comprendre,
par la variété et la force de ses
conceptions, que l'on pouvait sacrifier l'idéalisation du sujet à la vérité de la peinture, à la critique de
la société et de l'humanité même.

Balzac résumait complétement ceci

quand il me disait, dans la suite :
« Vous cherchez l'homme tel qu'il
devrait être; moi, je le prends tel
qu'il est. Croyez-moi, nous avons
raison tous deux. Ces deux chemins
conduisent au même but. J'aime
aussi les êtres exceptionnels; j'en
suis *un*. Il m'en faut d'ailleurs pour
faire ressortir mes êtres vulgaires,
et je ne les sacrifie jamais sans nécessité. Mais ces êtres vulgaires
m'intéressent plus qu'ils ne vous intéressent. Je les grandis, je les
idéalise, en sens inverse, dans leur
laideur ou leur bêtise. Je donne à
leurs difformités des proportions ef-
frayantes ou grotesques. Vous, vous
ne sauriez pas; vous faites bien de
ne pas vouloir regarder des êtres

et des choses qui vous donneraient
le cauchemar. Idéalisez dans le joli
et dans le beau, c'est un ouvrage
de femme. »

Balzac me parlait ainsi sans dédain caché et sans causticité dégui-
sée. Il était sincère dans le sentiment fraternel, et il a trop idéalisé
la femme pour qu'on puisse le
soupçonner d'avoir eu jamais la
théorie de M. de Kératry.

Balzac, esprit vaste, non pas infini et sans défauts, mais le plus
étendu et le plus pourvu de qua-
lités diverses qui, dans le roman,
se soit produit de notre temps,

Balzac, maître sans égal en l'art de
peindre la société moderne et l'humanité actuelle, avait mille fois
raison de ne pas admettre un système absolu. Il ne m'a rien révélé
de cela alors que je cherchais, et
je ne lui en veux pas, il ne le
savait pas lui-même; il cherchait et
tâtonnait aussi pour son compte. Il
a essayé de tout. Il a vu et prouvé
que toute manière était bonne et
tout sujet fécond pour un esprit
souple comme le sien. Il a déve-
loppé davantage ce en quoi il s'est
senti le plus puissant, et il s'est
moqué de cette erreur de la critique qui veut imposer un cadre, des
sujets et des procédés aux artistes,
erreur dans laquelle le public

donne encore, sans s'apercevoir que
cette théorie arbitraire étant toujours l'expression d'une individualité,
se dérobe la première à son propre principe et fait acte d'indépendance en contredisant le point de
vue d'une théorie voisine ou opposée. On est frappé de ces contradictions quand on lit une demi-
douzaine d'articles de critique sur
un même ouvrage d'art; on voit
alors que chaque critique a son
criterium, sa passion, son goût particulier, et que si deux ou trois
d'entre eux se trouvent d'accord
pour préconiser une loi quelconque
dans les arts, l'application qu'ils
font de cette loi prouve des appréciations très-diverses et des pré-

ventions que ne gouverne aucune
règle fixe.

Il est heureux, du reste, qu'il en
soit ainsi. S'il n'y avait qu'une école et
qu'une doctrine dans l'art, l'art péri-
rait vite, faute de hardiesse et de tenta-
tives nouvelles. L'homme va toujours
cherchant avec douleur le vrai absolu, dont il a le sentiment, et qu'il
ne trouvera jamais en lui-même à
l'état d'individu. La vérité est le but
d'une recherche pour laquelle toutes
les forces collectives de notre espèce ne sont pas de trop; et, cependant, erreur étrange et fatale,
dès qu'un homme de quelque ca-
pacité aborde cette recherche, il

voudrait l'interdire aux autres et
donner pour unique découverte celle
qu'il croit tenir. La recherche de
la loi de liberté elle-même sert
d'aliment au despotisme et à l'in-
tolérance de l'orgueil humain. Triste
folie! Si les sociétés n'ont pu encore s'y soustraire, que les arts au
moins s'en affranchissent et trouvent la vie dans l'indépendance absolue de l'inspiration.

L'inspiration! Voilà quelque chose
de bien malaisé à définir et de bien
important à consacrer comme un fait
surhumain, comme une intervention
presque divine. L'inspiration est pour
les artistes ce que la grâce est pour

les chrétiens, et on n'a pas encore
imaginé de défendre aux croyants
de recevoir la grâce quand elle
descend dans leurs âmes. Il y a
pourtant une prétendue critique
qui défendrait volontiers aux artistes
de recevoir l'inspiration et de lui
obéir.

Et je ne parle pas ici des critiques de profession, je ne resserre
pas mon plaidoyer dans les limites
d'une ou plusieurs coteries. Je com-
bats un préjugé public, universel.
On veut que l'art suive un chemin
battu, et quand une manière a
plu, un siècle tout entier s'écrie :
« Donnez-nous du même, il n'y a
que cela de bon ! » Malheur alors

aux novateurs! Il leur faut succomber ou soutenir une lutte effroyable, jusqu'à ce que leur protestation, cri de révolte au début, devienne à son tour une tyrannie qui écrasera ou combattra d'autres innovations également légitimes et désirables.

J'ai toujours trouvé le mot *inspiration* très-ambitieux et ne pouvant s'appliquer qu'aux génies de premier ordre. Je n'oserais jamais m'en servir pour mon propre compte, sans protester un peu contre l'emphase d'un terme qui ne trouve sa sanction que dans un incontestable succès. Pourtant il faudrait un mot qui ne fît pas rougir les gens mo-

destes et bien élevés, et qui ex-
primât cette sorte de *grâce* qui descend plus ou moins vive, plus ou
moins féconde sur toutes les têtes
éprises de leur art. Il n'est si humble travailleur qui n'ait son heure
d'inspiration, et peut-être la liqueur
céleste est-elle aussi précieuse dans
le vase d'argile que dans le vase
d'or : seulement, l'un la conserve
pure, l'autre l'altère ou se brise.
La grâce des chrétiens n'agit pas
seule et fatalement. Il faut que
l'âme la recueille, comme la bonne
terre le grain sacré. L'inspiration
n'est pas d'une autre nature. Pre-
nons donc le mot tel qu'il est, et
qu'il n'implique rien de présomp-
tueux sous ma plume.

Je sentis, en commençant à écrire
Indiana, une émotion très-vive et
très-particulière, ne ressemblant à
rien de ce que j'avais éprouvé
dans mes précédents essais. Mais
cette émotion fut plus pénible
qu'agréable. J'écrivis tout d'un jet,
sans plan, je l'ai dit, et littéralement sans savoir où j'allais, sans
m'être même rendu compte du problème social que j'abordais. Je n'é-
tais pas saint-simonienne, je ne l'ai
jamais été, bien que j'aie eu de vraies
sympathies pour quelques idées et
quelques personnes de cette secte;
mais je ne les connaissais pas à
cette époque, et je ne fus point
influencée par elles.

J'avais en moi seulement, comme un sentiment bien net et bien ardent, l'horreur de l'esclavage brutal et bête. Je ne l'avais pas subi, je ne le subissais pas, on le voit par la liberté dont je jouissais et qui ne m'était pas disputée. Donc, *Indiana* n'était pas mon histoire dévoilée comme on l'a dit. Ce n'était pas une plainte formulée contre un maître particulier. C'était une protestation contre la tyrannie en général, et si je personnifiais cette tyrannie dans un homme, si j'enfermais la lutte dans le cadre d'une existence domestique, c'est que je n'avais pas l'ambition de faire autre chose qu'un roman de mœurs. Voilà pourquoi, dans une préface

écrite après le livre, je me défen-
dis de vouloir porter atteinte aux
institutions. J'étais fort sincère et
ne prétendais pas en savoir plus
long que je n'en disais. La critique
m'en apprit davantage et me fit
mieux examiner la question.

J'écrivis donc ce livre sous l'empire d'une émotion et non d'un
système. Cette émotion, lentement
amassée dans le cours d'une vie de
réflexions, déborda très-impétueuse
dès que le cadre d'une situation
quelconque s'ouvrit pour la con-
tenir; mais elle s'y trouva fort à
l'étroit, et cette sorte de combat
contre l'émotion et l'exécution me
soutint pendant six semaines dans

un état de volonté tout nouveau
pour moi.

Mais mon pauvre *Corambé* s'en-
vola pour toujours, dès que j'eus
commencé à me sentir dans cette
veine de persévérance sur un sujet
donné. Il était d'une essence trop
subtile pour se plier aux exigences
de la forme. A peine eus-je fini
mon livre, que je voulus retrouver
le vague ordinaire de mes rêveries.
Impossible! Les personnages de mon
manuscrit, enfermés dans un tiroir,
voulurent bien y rester tranquilles;
mais j'espérai en vain voir repa-
raître *Corambé*, et, avec lui, ces
milliers d'êtres qui me berçaient
tous les jours de leurs agréables

divagations, ces figures à moitié
nettes, ces voix à moitié distinctes
qui flottaient autour de moi comme
un tableau animé derrière un voile
transparent. Ces chères visions n'é-
taient que les précurseurs de l'inspiration. Elles se cachèrent cruellement au fond de l'encrier, pour
n'en plus sortir que quand je m'en-
hardirais à les y chercher.

J'aurais beaucoup à raconter sur
ce phénomène de demi-hallucina-
tion qui s'était produit en moi
pendant toute ma vie et qui se
dissipa entièrement et tout d'un
coup. Mais je craindrais de reprendre un chapitre peut-être déjà trop
long et trop détaillé dans cet ou-

vrage; je me bornerai à rappeler
que j'avais commencé, dans un âge
si enfantin que je ne pourrais le
préciser, un roman composé de
milliers de romans qui s'enchaî-
naient les uns aux autres par l'intervention d'un principal personnage
fantastique appelé *Corambé* (nom
sans signification aucune, dont les
syllabes s'étaient rassemblées dans le
hasard de quelque rêve), et que
ce personnage avait été, pendant
quelques années de mon enfance,
une sorte de dieu de mon inven-
tion, auquel j'avais été, par moments, tout près de croire et de
rendre un culte.

Le catholicisme ardent qui s'était

emparé de moi au couvent me l'a-
vait fait oublier, mais non repousser avec effroi comme une croyance
idolâtrique; car cette création de
ma rêverie n'avait fait que me
préparer, par une poésie angélique,
à m'enthousiasmer pour le divin
type de Jésus. J'ai gardé mon enthousiasme pour ce dernier type,
et quant à *Corambé*, je n'hésite pas
à croire qu'il a été pour moi, dans
l'enfance, une interprétation plus
humaine et plus admissible que
celle que l'Église de nos jours prétend nous donner du divin Maître.
Corambé, s'il se fût mêlé de politique, n'eût pas laissé dévorer la
Pologne pantelante par la Russie
sanguinaire; il n'eût pas, s'il se fût

mêlé de socialisme, abandonné la
cause du faible à celle du fort, la
vie morale et physique du pauvre
au caprice du riche. Il eût été plus
chrétien que la papauté.

Quand je fus dans l'âge où l'on
rit de sa propre naïveté, je remis
Corambé à sa véritable place; c'est
à dire que je le réintégrai, dans
mon imagination, parmi les songes;
mais il en occupa toujours le
centre, et toutes les fictions qui
continuèrent à se former autour de
lui émanèrent toujours de cette
fiction principale.

Le plan brisé que je suivais en
composant pour moi-même, sous le

coup de ces hallucinations, une
foule de romans qui rentraient dans
le néant sans être achevés, avait
donc sa logique particulière, en ce
qu'un personnage mystérieux non
pas omnipotent, mais doué de facultés surnaturelles, intervenait dans
tous et les interrompait ou les re-
prenait à sa guise. C'était bien
commode, comme l'on voit. C'était
une idée que je trouvais sublime
pour mon usage particulier, mais
que je savais bien inadmissible pour
tout autre que pour moi, pour le
public par conséquent. Il fallait désormais, en racontant n'importe
quoi des choses humaines, en laisser la conduite et la solution au
hasard ou à la fatalité des notions

humaines. J'en passai par là, mais
si tristement, que, pendant plusieurs
années, j'eus une profonde amertume contre la publicité, amertume
que j'osai dire naïvement à quelques personnes au milieu de mon
succès, mais que je dus renfermer
bientôt, en voyant qu'on prenait
cette ingénuité douloureuse pour
une affectation.

Et aujourd'hui que je raconte ceci
le plus sèchement que je peux, qui
me croira et qui me comprendra,
si je dis que les vrais poëmes sont
dans le sanctuaire de l'âme et qu'ils
n'en sortent jamais? Quelques âmes
de la même nature que la mienne
certainement; mais voilà tout, et

pour ne causer aux autres nul ennui, je ne parle ici de Corambé
et de la consistance de mes rêveries en images sensibles pour moi
que comme d'un phénomène psy-
chique, dont je ne me défendais
pas, parce qu'il avait un charme
indicible, une pureté céleste et qu'il
ne m'avait jamais fait craindre pour
ma raison.

En effet, il ne m'était jamais arrivé, si ce n'est dans l'enfance, de
vouloir me persuader que ces ap-
paritions eussent une existence en
dehors de mon cerveau. Je com-
prenais parfaitement que j'étais sous
l'empire d'une sorte de vision, évo-

quée par moi-même non pas au
gré de ma volonté immédiate, mais
comme un reflet capricieux de mes
préoccupations intérieures. Je ne
me crus donc pas guérie d'une
maladie intellectuelle, mais, au contraire, privée d'une faculté. J'ignore
si cette prétendue faculté ne fût
pas devenue pernicieuse. Il ne fallait peut-être qu'un petit dérange-
ment d'équilibre physique pour que
ces riantes visions de paysages et
de jardins paradisiaques, habités
par des êtres imaginaires, ne de-
vinssent sombres et terrifiantes, et,
dans ce cas, il se peut que j'eusse
fini par les croire réelles. Il ne me
semble pas, mais qui sait? La fatigue d'une telle angoisse peut, à la

longue, user la résistance du raisonnement.

Voilà ce que je me disais pour
me consoler, lorsque l'effort que je
dus faire pour évoquer volontaire-
ment des êtres persistants dans la
logique d'un livre eut paralysé en
moi la faculté de voir arriver
d'eux-mêmes des êtres inattendus.
Il ne me fut plus permis de quitter
ceux que j'avais appelés, pour passer à un autre groupe, ni le lieu
où je les avais attirés, pour un
autre site de mon infini fantastique. Pourtant je ne pus me défendre de faire un peu voyager *Indiana* et *Ralph* d'un bout du monde
à l'autre, et de commettre peut-

être quelques erreurs de géogra-
phie sur leur oasis finale. Je n'y
tenais guère : j'étais si mal à l'aise
dans la réalité que j'abordais !

Pourtant cette nécessité de paraître un peu raisonnable, nécessité
que je constatais sans la bien comprendre, me donna plus tard,
quand je l'eus tout à fait acceptée,
des plaisirs d'un autre genre. Mes
personnages prirent une autre manière de se manifester. Je ne les
vis plus flotter dans un coin de
ma chambre ni passer dans mon
jardin à travers les arbres : mais,
en fermant les yeux, je les vis
plus nettement dessinés, et leurs
paroles, n'arrivant plus à mon

oreille par de mystérieux murmu-
res, se gravèrent plus distinctes
dans mon esprit. Quand ils vinrent
dans mon sommeil, ils ne firent
plus que m'ennuyer; mais quand
j'étais dans mon armoire (le petit
bureau de mon cabinet), ils me
parlaient et agissaient sur mon
papier blanc, bien ou mal, mais
d'une façon brusque et impérieuse
qui avait aussi son charme :
charme moins doux, moins durable, puisque tout s'effaçait dès que
je quittais la plume, mais plus éner-
gique et plus appréciable à mon
jugement.

Un autre phénomène se produisit
encore et que je ne peux en rien

expliquer : c'est que j'eus à peine
terminé mon premier manuscrit, qu'il
s'effaça de ma mémoire, non pas
peut-être d'une manière aussi absolue que les nombreux romans que je
n'avais jamais écrits, mais au point
de ne plus m'apparaître que va-
guement. J'aurais cru que l'habitude
de préciser les êtres, les passions
et les situations fixerait peu à
peu mes souvenirs. Il n'en fut rien,
et cet oubli où mon cerveau en-
terre immédiatement les produits de
son travail, n'a fait que croître et
embellir. Si je n'avais pas mes ouvrages sur un rayon, j'oublierais
jusqu'à leur titre. On peut me lire
un demi-volume de certains romans que je n'ai pas eu à revoir

en épreuves depuis quelques semaines, sans que, sauf deux ou trois
noms principaux, je devine qu'ils
sont de moi. Je me rappelle davantage les circonstances, même in-
signifiantes, au milieu desquelles j'ai
écrit, que les choses mêmes que j'ai
écrites, et d'après le souvenir des
situations où je me suis trouvée alors,
je peux dire que le livre est plus ou
moins réussi, plus ou moins manqué.
Mais si l'on me posait à l'imprévu en
critique devant mes propres ouvrages et qu'on m'en demandât mon
opinion, je pourrais répondre de
bien bonne foi que je ne les con-
nais pas, et qu'il me faut les relire
avec attention pour en penser quelque chose.

On ne s'attendra donc pas, j'espère, à ce que je parle beaucoup de mes livres par eux-mêmes. Il me faudrait trop de lecture et d'attention pour asseoir mon jugement. J'ai mis depuis environ quinze ans, depuis l'époque où j'ai vu qu'on les lisait et qu'on les discutait, la plus grande conscience à les livrer aussi finis qu'il m'était possible. Mais, excepté un ou deux, je n'ai jamais pu rien y refaire. L'*entrain* épuisé, il ne me reste plus la moindre certitude sur la valeur de la forme qu'il a prise, et je changerais tout, s'il me fallait changer quelque chose. Quand je reprends un sujet pour le mettre au théâtre, je ne peux pas conserver un mot du dia-

logue, et je transforme ou je modi-
fie les types, autant par impossibilité de les ressaisir qu'en vue des
exigences de la scène.

Je ne sais trop si tout cela vaut
la peine d'être dit. Je n'ai pas le
goût de parler de moi, en ce qui
peut être tout à fait individuel et
sans relation de solidarité morale
avec un certain nombre d'autres
individualités. Le nombre des artistes est assez considérable pour
qu'il soit bon pour eux de voir une
nature d'artiste tâcher de se rendre
compte d'elle-même; mais je crains
quelquefois d'avoir à dire des choses
exceptionnelles, même comme individu d'une certaine race. J'étais

moins embarrassée de raconter les
rêves de mon enfance, parce que
tous les enfants sont artistes et que
les gens les plus positifs se souvien-
nent d'avoir été poëtes plus ou
moins longtemps avant la pratique
de la vie positive. J'ai été enfant si
longtemps, je me suis développée si
tard comme raisonnement personnel, ou plutôt j'ai cherché si longtemps ma raison propre, enfin j'ai
conservé, en dépit du temps et de
l'expérience, un tel besoin d'apprécier secrètement toutes choses à travers un idéal trop naïf probablement, que je me sens embarrassée
et comme intimidée d'analyser les
fibres de l'intelligence quelconque
dont j'ai eu à faire usage.

Les gens du monde, j'entends par
là ceux qui ne sont pas artistes par
état, sont assez curieux, en général,
de savoir sous quelles influences
extérieures et dans quelles conditions locales les artistes produisent
leurs ouvrages. Cette curiosité est un
peu puérile, et, pour ma part, je
ne l'ai jamais pu satisfaire complétement chez les autres, quelque
bonne volonté que j'aie mise à me
délivrer de leurs questions, sans
impolitesse et sans tricherie. J'avoue
que les questions étaient quelquefois si compliquées ou si singulièrement posées, que j'en étais abasour-
die et que mon premier mouvement
était de répondre de bonne foi :
« Je ne sais pas. » Par exemple, une

7.

Anglaise qui se donnait pour très-
amateur de mes romans me dit une
fois, en me regardant avec de grands
yeux de chouette : « A quoi vous
pensez quand vous faites une roman? — Dame! lui répondis-je, je
tâche de penser à mon roman. —
Oh! vous ne pouvez donc pas toujours penser en écrivant? Il doit
être bien pénible! »

C'est, du reste, une chose si va-
riée dans son mécanisme que ce
qu'on appelle l'inspiration dans les
arts, que plus on s'enquiert des par-
ticularités extérieures, moins on est
à même de trouver une synthèse
pour les opérations du cerveau.
Beaucoup d'artistes célèbres ont eu

dès manies bizarres aux heures du
travail. Balzac s'en attribuait plus
qu'il n'en avait réellement, et on
lui en a prêté plus encore. Je l'ai
surpris plus d'une fois, en plein
jour, travaillant comme tout le
monde, sans excitants, sans costume,
sans aucun signe d'enfantement dou-
loureux, riant dès l'abord, l'œil lim-
pide et le teint fleuri.

Il est, dit-on, des artistes qui ont
immodérément besoin de café, de
liqueurs ou d'opium. Je ne crois
pas beaucoup à cela, et s'ils se sont
amusés parfois à produire sous le
coup d'une autre ivresse que celle
de leur propre pensée, je doute
qu'ils aient conservé et montré de

telles élucubrations. Le travail de l'i-
magination est bien assez excitant par
lui-même, et je confesse que je n'ai
jamais pu l'arroser que de lait ou de
limonade, ce qui ne passe pas pour
byronien. Il est vrai que je ne crois
pas à Byron ivre faisant de beaux
vers. L'inspiration peut traverser
l'âme aussi bien au milieu d'une
orgie que dans le silence des bois;
mais quand il s'agit de donner une
forme à la pensée, que l'on soit
dans la solitude du cabinet ou sur
les planches d'un théâtre, il faut
avoir l'entière possession de soi-
même.

CINQUIÈME PARTIE.

CHAPITRE PREMIER.

Delatouche passe brusquement de la raillerie à l'enthousiasme. — *Valentine* paraît. — Impossibilité de la
collaboration projetée. — La *Revue des Deux
Mondes*. — Buloz. — Gustave Planche. — Delatouche
me boude et rompt avec moi. — Résumé de nos rapports par la suite. — Maurice entre au collége. —
— Son chagrin et le mien. — Tristesse et dureté du
régime des lycées. — Une exécution à Henri IV. — La
tendresse ne raisonne pas. — Maurice fait sa première
communion.

Je demeurais encore quai Saint-
Michel avec ma fille quand *Indiana*
parut [1]. Dans l'intervalle de la commande à la publication, j'avais écrit
Valentine et commencé *Lélia. Valen-*

[1] Je crois que ce fut en mai 1832.

tine parut donc deux ou trois mois
après *Indiana*, et ce livre fut écrit
également à Nohant, où j'allais toujours régulièrement passer trois mois
sur six.

Delatouche grimpa à ma mansarde et trouva le premier exemplaire d'*Indiana*, que l'éditeur Ernest
Dupuy venait de m'envoyer, et sur
la couverture duquel j'étais en train
précisément d'écrire le nom de Delatouche. Il le prit, le flaira, le re-
tourna, curieux, inquiet, railleur
surtout ce jour-là. J'étais sur le balcon; je voulus l'y attirer, parler
d'autre chose, il n'y eut pas moyen,
il voulait lire, il lisait, et à chaque
page il s'écriait : « Allons! c'est un

pastiche; école de Balzac! Pastiche, que me veux-tu? Balzac, que me veux-tu? »

Il vint sur le balcon, le volume à la main, et me critiquant mot par mot, me démontrant par *a* plus *b* que j'avais copié la manière de Balzac, et qu'à cela je n'avais gagné que de n'être ni Balzac ni moi-même.

Je n'avais ni cherché ni évité cette imitation de manière, et il ne me semblait pas que le reproche fût fondé. J'attendis, pour me condamner moi-même, que mon juge, qui emportait son exemplaire, l'eût feuilleté en entier. Le lendemain

matin, à mon réveil, je reçus ce
billet : « George, je viens faire
» amende honorable; je suis à vos
» genoux. Oubliez mes duretés
» d'hier soir, oubliez toutes les du-
» retés que je vous ai dites depuis
» six mois. J'ai passé la nuit à
» vous lire. O mon enfant, que
» je suis content de vous! »

Je croyais que tout mon succès
se bornerait à ce billet paternel et
ne m'attendais nullement au prompt
retour de l'éditeur, qui me demandait *Valentine*. Les journaux parlè-
rent tous de M. *G. Sand* avec
éloge, insinuant que la main d'une
femme avait dû se glisser çà et là
pour révéler à l'auteur certaines dé-

licatesses du cœur et de l'esprit,
mais déclarant que le style et les
appréciations avaient trop de virilité
pour n'être pas d'un homme. Ils
étaient tous un peu Kératry.

Cela ne me causa nul ennui, mais
fit souffrir Jules Sandeau dans sa
modestie. J'ai dit d'avance que ce
succès le détermina à reprendre
son nom intégralement et à renoncer à des projets de collaboration
que nous avions déjà jugés nous-
mêmes inexécutables. La collaboration est tout un art qui ne demande
pas seulement, comme on le croit,
une confiance mutuelle et de bonnes relations, mais une habileté
particulière et une habitude de

procédés *ad hoc*. Or, nous étions
trop inexpérimentés l'un et l'autre
pour nous partager le travail. Quand
nous avions essayé, il était arrivé
que chacun de nous refaisait en
entier le travail de l'autre, et que
ce remaniement successif faisait de
notre ouvrage la broderie de Pé-
nélope.

Les quatre volumes d'*Indiana* et
Valentine vendus, je me voyais à la
tête de trois mille francs qui me
permettaient d'acquitter mon petit
arriéré, d'avoir une servante et de
me permettre un peu plus d'ai-
sance. La *Revue des Deux Mondes*
venait d'être achetée par M. Buloz,
qui me demanda des *nouvelles*. Je

fis, pour ce recueil, la *Marquise*,
Lavinia, je ne sais quoi encore.

La *Revue des Deux Mondes* était
rédigée par l'élite des écrivains d'a-
lors. Excepté deux ou trois peut-
être, tout ce qui a conservé un
nom comme publiciste, poëte, ro-
mancier, historien, philosophe, critique, voyageur, etc., a passé par
les mains de Buloz, homme intelligent, qui ne sait pas s'exprimer,
mais qui a une grande finesse sous
sa rude écorce. Il est très-facile,
trop facile même de se moquer
de ce Genevois têtu et brutal. Lui-
même se laisse taquiner avec bon-
homie quand il n'est pas de trop
mauvaise humeur; mais ce qui n'est

pas facile, c'est de ne pas se laisser
persuader et gouverner par lui. Il
a tenu dix ans les cordons de ma
bourse, et, dans notre vie d'artiste,
ces cordons, qui ne se desserrent
pour nous donner quelques heures
de liberté qu'en échange d'autant
d'heures d'esclavage, sont les fils de
notre existence même. Dans cette
longue association d'intérêts, j'ai
bien envoyé dix mille fois mon
Buloz au diable, mais je l'ai tant
fait enrager que nous sommes quit-
tes. D'ailleurs, en dépit de ses exigences, de ses duretés et de ses
sournoiseries, le despote Buloz a
des moments de sincérité et de véritable sensibilité, comme tous les
bourrus. Il avait de certaines me-

nues ressemblances avec mon pauvre Deschartres, voilà pourquoi j'ai
supporté si longtemps ses maussade-
ries entremêlées de mouvements
d'amitié candide. Nous nous sommes brouillés, nous avons plaidé.
J'ai reconquis ma liberté sans dom-
mage réciproque, résultat auquel
nous serions arrivés sans procès, s'il
eût pu dépouiller son entêtement.
Je l'ai revu peu de temps après,
pleurant son fils aîné, qui venait de
mourir dans ses bras. Sa femme,
qui est une personne distinguée,
mademoiselle Blaze, m'avait appelée
auprès d'elle dans ce moment de
douleur suprême. Je leur ai tendu
les mains sans me souvenir de la
guerre récente, et je ne m'en suis

jamais souvenue depuis. Dans toute
amitié, quelque troublée et incomplète qu'elle ait pu être, il y a des
liens plus forts et plus durables que
nos luttes d'intérêt matériel et nos
colères d'un jour. Nous croyons dé-
tester des gens que nous aimons
toujours quand même. Des montagnes de disputes nous séparent
d'eux; un mot suffit parfois pour
nous faire franchir ces montagnes.
Ce mot de Buloz : « Ah! George,
que je suis malheureux! » me fit
oublier toutes les questions de chif-
fres et de procédure. Et lui aussi,
en d'autres temps, il m'avait vue
pleurer, et il ne m'avait pas raillée.
Sollicitée depuis, mainte fois, d'entrer dans des croisades contre Buloz,

j'ai refusé carrément, sans m'en
vanter à lui, quoique la critique de
la *Revue des Deux Mondes* continuât
à prononcer que j'avais eu beaucoup de talent tant que j'avais tra-
vaillé à la *Revue des Deux Mondes*,
mais que depuis ma rupture, hélas!... Naïf Buloz! ça m'est égal!

Ce qui ne me fut pas indifférent,
ce fut la subite colère de Delatouche contre moi. La crise annoncée
par Balzac éclata un beau matin
sans aucun motif apparent. Il haïs-
sait particulièrement Gustave Planche, qui m'avait rendu visite en
m'apportant un grand article à ma
louange, fraîchement inséré dans la
Revue des Deux Mondes. Comme je

8.

ne travaillais pas encore à cette
revue, l'hommage était désintéressé,
et je ne pouvais que l'accueillir
avec gratitude. Est-ce là ce qui
blessa Delatouche? Il n'en fit rien
paraître. Il demeurait alors tout à
fait à Aulnay et ne venait pas souvent à Paris. Je ne m'aperçus donc
pas tout de suite de sa bouderie
et je m'apprêtais à aller le trouver,
quand M. de la Rochefoucauld,
qu'il m'avait présenté et qui était
son voisin de campagne, m'apprit
qu'il ne parlait plus de moi qu'a-
vec exécration, qu'il m'accusait d'être
enivrée par la *gloire*, de sacrifier
mes vrais amis, de les dédaigner,
de ne vivre qu'avec des gens de
lettres, d'avoir méprisé ses con-

seils, etc. Comme il n'y avait rien
de vrai dans ces reproches, je crus
que c'était une de ses boutades ac-
coutumées, et, pour le ramener plus
délicatement que par une lettre, je
lui dédiai *Lélia*, qui allait paraître.
Il le *prit pour mal*, comme nous
disons en Berry, et déclara que
c'était une vengeance contre lui.
Une vengeance de quoi? Je pensai
qu'il ne me pardonnait pas de voir
Gustave Planche, et je priai celui-ci
de faire une démarche auprès de
lui pour s'excuser d'un article fort
cruel dont il était l'auteur, et où
Delatouche avait été fort mal arrangé. Je crois que c'était une réponse à de violentes attaques contre le cénacle des romantiques, dont

Planche avait été le champion par
moments. Quoi qu'il en soit, Gustave Planche, touché du bien que
je lui disais de Delatouche, lui écri-
vit une lettre fort bonne et même
respectueuse, comme il convenait
à un jeune homme vis-à-vis d'un
homme âgé, à laquelle Delatouche,
de plus en plus irrité, ne daigna
pas répondre. Il continua à décla-
mer et à exciter contre moi les
personnes avec qui j'étais liée. Il
vint à bout de m'enlever deux
amis sur les cinq ou six dont s'é-
tait composée notre intimité. L'un
deux vint plus tard m'en demander pardon. L'autre, j'ai eu à le
défendre par la suite contre Delatouche lui-même, qui le foulait

aux pieds. Mais alors je connaissais
mon pauvre Delatouche; je savais
ce qu'il fallait admettre et rejeter
dans ses indignations, trop violentes
et trop amères pour n'être pas à
moitié injustes.

Moins de deux ans après cette
fureur contre moi, Delatouche vint
en Berry chez sa cousine, madame Duvernet la mère, et, ramené
à la vérité par elle et son fils,
mon ami Charles, il eut grande
envie de venir me voir. Il ne put
s'y décider. Il m'adressa des gracieusetés dans un de ses romans.
Il ne se souvenait pas d'avoir dit
contre moi des choses trop fortes
pour que je pusse me rendre à des

avances littéraires. Ce n'étaient pas
des compliments qui devaient fermer la blessure de l'amitié. Des
compliments, je n'y tenais pas; je
n'en ai jamais eu besoin. Je n'ai jamais demandé à l'amitié de me
considérer comme un grand esprit,
mais de me traiter comme un cœur
loyal. Je ne me rendis qu'à des
avances directes, à une demande de
service en 1844. Une telle démarche est l'amende la plus honorable
qui se puisse exiger, et là je n'hé-
sitai pas une seconde. Je jetai mes
deux bras au cou de mon vieux
ami, enfant terrible et tendre, qui,
dès ce moment, mit un véritable
luxe de cœur à me faire oublier
le passé.

Un autre chagrin plus profond
pour moi fut l'entrée de mon fils
au collége. J'avais attendu avec impatience le moment de l'avoir près
de moi, et ni lui ni moi ne sa-
vions ce que c'est que le collége.
Je ne veux pas médire de l'éducation en commun, mais il est des
enfants dont le caractère est anti-
pathique à cette règle militaire des
lycées, à cette brutalité de la dis-
cipline, à cette absence de soins
maternels, de poésie extérieure, de
recueillement pour l'esprit, de liberté pour la pensée. Mon pauvre
Maurice était né artiste, il en avait
tous les goûts, il en avait pris avec
moi toutes les habitudes, et, sans
le savoir encore, il en avait toute

l'indépendance. Il se faisait presque
une fête d'entrer au collége, et,
comme tous les enfants, il voyait
un plaisir dans un changement de
lieu et d'existence. Je le conduisis
donc à Henri IV, gai comme un
petit pinson, et contente moi-même
de le voir si bien disposé. Sainte-
Beuve, ami du proviseur, me pro-
mettait qu'il serait l'objet d'une sollicitude particulière. Le censeur était
un père de famille, un homme excellent, qui le reçut comme un de
ses enfants.

Nous fîmes avec lui le tour de
l'établissement. Ces grandes cours
sans arbres, ces cloîtres uniformes
d'une froide architecture moderne,

ces tristes clameurs de la récréa-
tion, voix discordantes et comme
furieuses des enfants prisonniers,
ces mornes figures des maîtres d'é-
tudes, jeunes gens déclassés qui sont
là, pour la plupart, esclaves de la
misère, et forcément victimes ou
tyrans; tout, jusqu'à ce tambour,
instrument guerrier, magnifique pour
ébranler les nerfs des hommes qui
vont se battre, mais stupidement
brutal pour appeler des enfants au
recueillement du travail, me serra
le cœur et me causa une sorte d'é-
pouvante. Je regardais, à la déro-
bée, dans les yeux de Maurice, et
je le voyais partagé entre l'éton-
nement et quelque chose d'analogue
à ce qui se passait en moi. Pour-

tant il tenait bon, il craignait que
son père ne se moquât de lui;
mais quand vint le moment de se
séparer, il m'embrassa, le cœur
gros, les yeux pleins de larmes. Le
censeur le prit dans ses bras très-
paternellement, voyant bien que l'o-
rage allait éclater. Il éclata, en effet, au moment où je m'en allais
vite pour cacher mon malaise. L'enfant s'échappa des bras qui le ca-
ressaient, vint s'attacher à moi, en
criant avec des sanglots désespérés
qu'il ne voulait pas rester là.

Je crus que j'allais mourir. C'é-
tait la première fois que je voyais
Maurice malheureux, et je voulais
le remmener. Mon mari fut plus

ferme et eut certes toutes les bonnes raisons de son côté. Mais, obligée de m'enfuir devant les caresses et les supplications de mon pauvre enfant, poursuivie par ses cris jusqu'au bas de l'escalier, je revins chez moi sanglotant et criant presque autant que lui dans le fiacre qui me ramenait.

J'allai le voir deux jours après. Je le trouvai affublé de l'affreux habit carré d'uniforme, lourd et malpropre. Je ne sais si cette coutume subsiste encore de faire porter aux élèves qui entrent les vieux habits de ceux qui sortent. C'était une véritable vilenie de spéculation, puisque les parents payaient un trous-

seau d'entrée. Je réclamai en vain,
remontrant que cela était malsain
et pouvait communiquer aux enfants
des maladies de peau. Une autre
coutume barbare consistait dans
l'absence de vases de nuit dans les
dortoirs, avec défense de sortir
pour se soulager. D'un autre côté,
la spéculation autorisait la vente de
méchantes friandises qui les rendaient malades.

Encore le proviseur était-il des
plus honnêtes et des plus humains,
et le mieux disposé à combattre des
abus qui n'étaient pas de son fait.
Il eut un successeur qui se montra
fort doux et affable. Mais M. ***
vint ensuite, qui se posa devant

moi en homme *moral* à la manière
d'un sergent de ville, et qui sut
rendre les enfants aussi malheureux
que la règle le comportait. Partisan
farouche de l'autorité absolue, c'est
lui qui autorisa un père *intelligent*
à faire battre son fils par son nè-
gre, devant toute la classe, convo-
quée *militairement* au spectacle de
cette exécution dans le goût créole
ou moscovite, et menacée de puni-
tion sévère en cas du moindre signe d'improbation. J'ai oublié le
nom du proviseur et celui du père
de l'enfant, je ne veux pas que
mon fils me les rappelle, mais
tout ce qui était élève à Henri IV
à cette époque pourra certifier le
fait.

Ma seconde visite à Maurice se
termina comme la première; mes
amis m'accusèrent de faiblesse. J'a-
voue que je ne me sentais ni Ro-
maine ni Spartiate devant le désespoir d'un pauvre enfant que l'on
condamnait à subir une loi brutale
et mercenaire, sans qu'il eût en
rien mérité ce cruel châtiment. On
me traîna, ce jour-là, au Conserva-
toire de musique, comptant que
Beethoven me ferait du bien. J'a-
vais tant pleuré en revenant du
collége, que j'avais littéralement les
yeux en sang. Cela ne paraissait
guère raisonnable et ne l'était pas
du tout. Mais la raison ne pleure
jamais, ce n'est pas son affaire, et
les entrailles ne raisonnent pas, elles

ne nous ont pas été données pour
cela.

La *Symphonie pastorale* ne me
calma pas du tout. Je me souvien-
drai toujours de mes efforts pour
pleurer tout bas, comme d'une des
plus abominables angoisses de ma
vie.

Maurice ne se rendit qu'à la
crainte d'augmenter un chagrin que
je ne pouvais pas lui cacher; mais
son parti n'était pris qu'à moitié.
Ses jours de sortie amenaient de
nouvelles crises. Il arrivait le matin, gai, bruyant, enivré de sa liberté. Je passais une grande heure
à le laver et à le peigner, car la

malpropreté qu'il apportait du collége était fabuleuse. Il ne tenait pas
à se promener; toute sa joie était
de rester avec sa sœur et moi dans
mes petites chambres, de bar-
bouiller des bonshommes sur du
papier, de regarder ou de décou-
per des images. Jamais enfant, et
plus tard jamais homme, n'a si bien
su s'occuper et s'amuser d'un travail sédentaire. Mais, à chaque instant, il regardait la pendule, disant : Je n'ai plus que *tant* d'heures
à passer avec toi. Sa figure s'allon-
geait à mesure que le temps s'é-
coulait. Quand venait le diner, au
lieu de manger il commençait à
pleurer, et quand l'heure de rentrer
avait sonné, le déluge était tel,

que souvent j'étais forcée d'écrire
qu'il était malade, et c'était la vérité. L'enfance ne sait pas lutter
contre le chagrin, et celui de Maurice était une véritable nostalgie.

Quand on le prépara à sa première communion, qui était affaire
de règlement au collége, je vis qu'il
acceptait très-naïvement l'enseigne-
ment religieux. Je n'aurais voulu
pour rien au monde qu'il commen-
çât sa vie par un acte d'hypocrisie
ou d'athéisme, et si je l'eusse trouvé
disposé à se moquer, comme beaucoup d'autres, je lui aurais dit les
motifs sérieux qui m'apparurent
dans mon enfance pour me décider
à ne pas protester contre une insti-

9.

tution dont j'acceptais l'esprit plutôt
que la lettre; mais, en reconnais-
sant qu'il ne discutait rien, je me
gardai bien de faire naître en lui
le moindre doute. La discussion
n'était pas de son âge et son esprit
ne devançait pas son âge. Il fit
donc sa première communion avec
beaucoup d'innocence et de fer-
veur.

Je venais de passer une des plus
tristes années de ma vie, celle de
1833, et il me reste à la résumer.

CHAPITRE DEUXIÈME.

Cette année 1833 ouvrit pour
moi la série des chagrins réels et
profonds que je croyais avoir épui-
sée et qui ne faisait que de commencer. J'avais voulu être artiste,
je l'étais enfin. Je m'imaginai être
arrivée au but poursuivi depuis

longtemps, à l'indépendance extérieure et à la possession de ma
propre existence : je venais de ri-
ver à mon pied une chaîne que
je n'avais pas prévue.

Être artiste! oui, je l'avais voulu,
non-seulement pour sortir de la
geôle matérielle où la propriété,
grande ou petite, nous enferme
dans un cercle d'odieuses petites
préoccupations; pour m'isoler du
contrôle de l'opinion en ce qu'elle
a d'étroit, de bête, d'égoïste, de
lâche, de provincial; pour vivre en
dehors des préjugés du monde, en
ce qu'ils ont de faux, de suranné,
d'orgueilleux, de cruel, d'impie et
de stupide; mais encore, et avant

tout, pour me réconcilier avec moi-
même, que je ne pouvais souffrir
oisive et inutile, pesant, à l'état de
maître, sur les épaules des travail-
leurs. Si j'avais pu piocher la
terre, je m'y serais mise avec eux
plutôt que d'entendre ces mots que,
dans mon enfance, on avait gron-
dés autour de moi quand Deschartres avait le dos tourné : « Il veut
que l'on *s'échauffe*, lui qui a le
ventre plein et les mains derrière
son dos! » Je voyais bien que les
gens à mon service étaient souvent
plus paresseux que fatigués, mais
leur apathie ne me justifiait pas de
mon inaction. Il ne me semblait
pas avoir le droit d'exiger d'eux le
moindre labeur, moi qui ne faisais

rien du tout, car c'est ne rien faire
que de s'occuper pour son plaisir.

Par goût, je n'aurais pas choisi
la profession littéraire, et encore
moins la célébrité. J'aurais voulu
vivre du travail de mes mains, assez fructueusement pour pouvoir
faire consacrer mon droit au travail
par un petit résultat sensible, mon
revenu patrimonial étant trop mince
pour me permettre de vivre ailleurs que sous le toit conjugal, où
régnaient des conditions inaccepta-
bles. Comme la seule objection à la
liberté qu'on me laissait d'en sortir
était le manque d'un peu d'argent
à me donner, il me fallait ce peu
d'argent. Je l'avais enfin. Il n'y

avait plus de reproches ni de mé-
contentement de ce côté-là.

J'aurais souhaité vivre obscure, et
comme, depuis la publication d'*Indiana* jusqu'après celle de *Valentine*,
j'avais réussi à garder assez bien
l'incognito pour que les journaux
m'accordassent toujours le titre de
monsieur, je me flattais que ce petit
succès ne changerait rien à mes
habitudes sédentaires et à une intimité composée de gens aussi in-
connus que moi-même. Depuis que
je m'étais installée au quai Saint-
Michel avec ma petite, j'avais vécu
si retirée et si tranquille que je
ne désirais d'autre amélioration à
mon sort qu'un peu moins de

marches d'escalier à monter et un
peu plus de bûches à mettre au
feu.

En m'établissant au quai Mala-
quais je me crus dans un palais,
tant la mansarde de Delatouche
était confortable au prix de celle
que je quittais. Elle était un peu
sombre quoique en plein midi; on
n'avait pas encore bâti à portée de
la vue, et les grands arbres des jardins environnants faisaient un épais
rideau de verdure où chantaient les
merles et où babillaient les moi-
neaux avec autant de laisser-aller
qu'en pleine campagne. Je me
croyais donc en possession d'une re-
traite et d'une vie conformes à mes

goûts et à mes besoins. Hélas! bientôt je devais soupirer, là comme partout, après le repos et bientôt courir en vain, comme Jean-Jacques Rousseau, à la recherche d'une solitude.

Je ne sus pas garder ma liberté, défendre ma porte aux curieux, aux désœuvrés, aux mendiants de toute espèce, et bientôt je vis que ni mon temps ni mon argent de l'année ne suffiraient à un jour de cette obsession. Je m'enfermai alors, mais ce fut une lutte incessante, abominable, entre la sonnette, les pourparlers de la servante et le travail dix fois interrompu.

Il y a, à Paris, autour des artistes, une mendicité organisée dont
on est longtemps dupe, et dont on
continue à être victime ensuite par
scrupule de conscience. Ce sont de
prétendus vieux artistes dans la misère qui vont de porte en porte avec
des souscriptions couvertes de signa-
tures fabriquées; ou bien des arti-
sans sans ouvrage, des mères qui
viennent de mettre leur dernière
nippe au mont-de-piété pour donner le pain de la journée à leurs
enfants; ce sont des comédiens infirmes, des poëtes sans éditeurs, de
fausses dames de charité. Il y a
même de prétendus missionnaires,
de soi-disant curés. Tout cela est
un ramassis d'infâmes vagabonds

échappés du bagne ou dignes d'y
entrer. Les meilleurs sont de vieilles
bêtes que la vanité, l'absence de talent et finalement l'ivrognerie ont
réduites à une misère véritable.

Quand on a eu la simplicité de
se laisser prendre à la première
histoire, à la première figure, la
bande vous signale comme une
proie à exploiter, vous entoure,
vous surveille, connaît vos heures
de sortie et jusqu'à vos jours de
recette. Elle approche d'abord avec
discrétion, puis ce sont de nouvelles figures et de nouvelles histoires, des visites plus fréquentes, des
lettres où l'on vous avertit que,
dans deux heures, si le secours

demandé n'arrive pas, on ne trouvera plus au logis désigné qu'un
cadavre. Le sort d'Élisa Mercœur et
d'Hégésippe Moreau sert désormais
de thème et de menace à tous les
poëtes qui ne rougissent pas de
mendier, et qui se disent trop
grands hommes pour faire un autre
état que de rêver aux étoiles.

Je ne suis pas tellement simple
que je sois la dupe de toutes ces
misères intéressantes; mais il en est
tant de réelles et d'imméritées que,
parmi celles qui demandent, c'est
un travail à perdre la tête que
de reconnaître les vraies d'avec
les fausses. En thèse générale, et
l'on peut dire quatre-vingt-dix fois

sur cent, ceux qui mendient sont
de faux pauvres ou des pauvres infâmes. Ceux qui souffrent réellement, en dépit du courage et de
la moralité, aiment mieux mourir
que de mendier. Il faut chercher
ceux-ci, les découvrir, les tromper
souvent pour leur faire accepter
l'assistance. Les autres vous assié-
gent, vous obsèdent, vous mena-
cent.

Mais il est aussi des malheureux
sans grandes vertus et sans grands
vices, privés de l'héroïsme du silence (héroïsme qu'il est vraiment
cruel d'exiger de la pauvre espèce
humaine), il est des courages épuisés, des volontés usées par l'insuc-

cès ou rebutées par l'impuissance.
Il est aussi des femmes qui, par un
autre genre d'héroïsme que celui
de la résignation, boivent le calice
de l'humilité et tendent la main
pour sauver leur mari, leur amant,
leurs enfants surtout. Il suffit qu'on
risque d'abandonner à la faim, au
désespoir, au suicide, une de ces
victimes innocentes sur quatre-vingt-
dix-neuf filous effrontés, pour qu'on
ne dorme pas tranquille; et voilà
le boulet qui s'attacha à ma vie
dès que mon petit avoir de chaque
journée eut dépassé le strict nécessaire.

N'ayant pas le temps de courir
aux informations pour saisir la vé-

rité, puisque j'étais rivée au travail,
je cédai longtemps à cette considé-
ration toute simple en apparence
qu'il valait mieux donner cent sous
à un gredin que de risquer de les
refuser à un honnête homme. Mais
le système d'exploitation grossit avec
une telle rapidité et dans de telles
proportions autour de moi, que je
dus regretter d'avoir donné aux
uns pour arriver à être forcée de
refuser aux autres. Puis, je remar-
quai, dans les discours pathétiques
que l'on me tenait, des contradictions, des mensonges. Il fut un
temps où, ne se gênant plus du
tout, tous ces visages patibulaires
arrivaient le même jour de la se-
maine. J'essayai de refuser le pre-

mier, le second vint et insista.
Je tins bon, le troisième ne vint
pas. Je vis dès lors que c'était une
bande. J'aurais dû avertir la police.
J'y répugnai, ne me croyant pas
assez sûre de mon fait.

Mais d'autres mendiants arrivè-
rent, soit une autre bande, soit
l'arrière-garde de la première. Je
pris sur moi ce dont je ne m'étais
pas encore senti le courage, dans
la crainte d'humilier la misère:
j'exigeai des preuves. Quelques ma-
ladroits s'éclipsèrent subitement devant cette méfiance, me laissant
voir assez naïvement qu'elle était
fondée. D'autres feignirent d'en être
blessés, d'autres enfin me fourni-

rent des moyens apparents de constater leur dénûment. Ils donnè-
rent leurs noms, leurs adresses;
c'étaient de faux noms, de fausses
adresses. Je montai dans des mansardes hideuses. Je vis des enfants
desséchés de faim, rongés de plaies,
et quand j'eus porté là des secours,
je découvris, un beau matin, que
ces mansardes et ces enfants étaient
loués pour une exhibition de gue-
nilles et de maladies, qu'ils n'ap-
partenaient pas à la femme qui
pleurait sur eux devant moi, et
qui les mettait à la porte à grands
coups de balai quand j'étais partie.

J'envoyai une fois chez un poëte
malheureux, qui devait être trouvé

asphyxié, comme Escousse, si, à
telle heure, il ne recevait pas ma
réponse. On frappa en vain, il faisait le mort. On enfonça la porte :
on le trouva mangeant des saucisses.

Pourtant, comme au milieu de
cette vermine qui s'attache aux gens
consciencieux il m'arrivait de mettre la main sur de véritables infortunés, je ne pus jamais me décider à repousser d'une manière
absolue la mendicité. Pendant quelques années, je fis une petite rente
à des personnes chargées d'aller aux
informations pendant quelques heures de la matinée. Elles furent
trompées un peu moins que moi,
voilà tout, et depuis que je n'ha-

bite plus Paris, la correspondance ruineuse de centaines de mendiants continue à m'arriver de tous les points de la France.

Il y a une série de poëtes et d'auteurs qui veulent des protections, comme si la protection pouvait suppléer, je ne dis pas seulement au talent, mais à la plus simple notion de la langue que l'on prétend écrire. Il y a une série de femmes incomprises qui veulent entrer au théâtre. Elles n'ont jamais essayé, il est vrai, de jouer la comédie, mais elles se sentent la vocation de jouer les premiers rôles : une série de jeunes gens sans emploi qui demandent le premier em-

ploi venu dans les arts, dans l'agri-
culture, dans la comptabilité; ils
sont propres à tout apparemment,
et bien qu'on ne les connaisse pas,
on doit les recommander et répondre d'eux comme de soi-même. De
plus modestes avouent qu'ils sont
sans éducation aucune, qu'ils ne
sont propres à rien, mais que,
sous peine de manquer d'humanité,
il faut leur trouver quelque chose
à faire. Il y a aussi une série
d'ouvriers démocrates qui ont résolu le problème social et qui fe-
ront disparaître la misère de notre
société, si on leur donne de quoi
publier leur système. Ceux-là sont
infaillibles. Quiconque en doute est
vendu à l'orgueil, à l'avarice et à

l'égoïsme. Il y a encore une série
de petits commerçants ruinés qui
ont besoin de cinq ou six mille
francs pour racheter un fonds de
boutique. « Cela est une misère pour
vous ! disent-ils ; vous êtes bonne,
vous ne me refuserez pas. » Il y a
enfin des peintres, des musiciens,
qui n'ont pas de succès parce qu'ils
ont trop de génie et que la jalousie des maîtres les repousse ; il y a
des soldats engagés qui voudraient
se racheter, des juifs qui demandent des autographes pour les vendre, des demoiselles qui veulent
entrer chez moi comme femmes de
chambre pour être mes élèves en
littérature. J'ai chez moi des armoires pleines de lettres saugrenues,

de manuscrits fabuleux, de roman-
ces ou d'opéras de l'autre monde,
et des théories sociales à sauver
tous les habitants du système pla-
nétaire. Tout cela avec un *post-
scriptum* portant demande d'un petit
secours en attendant, et en double
ou triple récidive, avec injures à
la seconde sommation et menaces
à la troisième.

Et pourtant j'ai la patience de
lire toutes les lettres quand elles
ne sont pas impossibles à déchif-
frer, quand elles ne sont pas de
seize pages en caractères microsco-
piques. J'ai la conscience de commencer toutes les élucubrations phi-
losophiques, musicales et littéraires,

et de les continuer quand je ne
suis pas révoltée à la première
page par des fautes trop grossières
ou des aberrations trop révol-
tantes.

Quand je vois une ombre de talent, je mets à part et je réponds.
Quand j'en vois beaucoup, je m'en
occupe tout à fait. Ces derniers ne
me donnent pas grande besogne;
mais la médiocrité honnête est encore assez abondante pour me prendre bien du temps et me causer
bien de la fatigue. Le vrai talent
ne demande jamais rien; il offre
et donne un pur témoignage de
sympathie. La médiocrité honnête
ne demande pas d'argent, mais des

compliments sous forme d'encoura-
gement. La médiocrité plate, à un
degré au-dessous, commence à demander des éditeurs ou des articles
de journaux. La stupidité demande,
que dis-je, elle exige impérieuse-
ment l'*argent et la gloire!*

Ajoutez à cette persécution les lettres anonymes remplies d'injures
grossières; les entreprises, souvent
tout aussi cyniques, des saints et
des saintes qui veulent me faire
rentrer dans le giron de l'Église;
les curés qui m'offrent de racheter
mon âme en leur envoyant de quoi
réparer une chapelle ou habiller
une statue de la Vierge; les visites
étranges, les trappistes, les institu-

teurs destitués en 1848, les mou-
chards volontaires, espèces d'agents
provocateurs imbéciles qui viennent
crier contre tous les gouvernements, et qui se trompent, faisant
du légitimisme chez les républicains
et *vice versâ;* les artistes bohémiens,
les colonels et capitaines espagnols
réfugiés de tous les partis, succes-
sivement battus dans ce pays des
vicissitudes, officiers supérieurs à la
quinzaine, chamarrés de décora-
tions, qui demandent vingt francs
et se rabattent sur vingt sous : enfin
la misère fausse ou vraie, humble
ou arrogante, la vanité confiante
ou haineuse, l'ignoble rage de parti,
l'indiscrétion, la folie, la bassesse
ou la stupidité sous toutes les for-

mes : voilà la lèpre qui s'attache à
toute célébrité, qui dérange, qui
trouble, qui lasse, qui ruine, qui
tue à la longue, à moins qu'on
n'adopte ce farouche principe, *toute
misère est méritée*, qu'on n'écrive sur
sa porte, *je ne donne rien*, et qu'on
dorme tranquille en se disant :
« J'ai été exploité par les fripons,
que ce soit tant pis désormais pour
les honnêtes gens qui ont faim ! »

Et encore n'ai-je pas parlé des
simples curieux, race très-mélangée
où l'on risque de tourner le dos à
quelques honorables sympathies pour
se délivrer d'une foule d'oisifs im-
portuns. Dans cette dernière caté-

gorie, il y a des Anglais en voyage
qui veulent simplement mettre sur
leur livre de notes qu'ils vous ont
vue; et comme j'ai trop oublié l'anglais pour faire l'effort de le parler
avec eux, ceux qui ne savent pas
trois mots de français me parlent
dans leur langue, je leur réponds
dans la mienne. Ils ne compren-
nent pas, ils font *oh!* et s'en vont
satisfaits. Comme je sais que quel-
ques-uns ont un carnet et un
crayon tout taillé pour écrire les
réponses, même avant de remonter
en voiture, de crainte de les oublier, je me suis amusée quelquefois
à leur répondre aussi par *oh!* ou à
leur dire des choses si inintelligi-
bles, quand leur figure m'ennuyait,

que je les défie bien d'en avoir re-
tenu quelque chose. Il est vrai qu'il
y a le curieux trop intelligent qui vous
fait parler et vous prête *des mots*.

Il y a aussi le curieux malveil-
lant, qui vient avec l'intention de
vous confesser, et qui s'en va tout
à fait ennemi quand il n'a pu vous
arracher que des réflexions sur la
pluie et le beau temps.

Il y a encore les poseurs, qui entrent chez vous pour vous faire savoir qu'ils vous valent bien, et que
vous n'avez pas de temps à perdre
si vous voulez corroborer un peu
votre futile talent à l'aide de leur
expérience et de leur puissante raison. Ils vous donnent des sujets de

roman, des types, des situations de
théâtre. Enfin, ce sont des riches
prodigues qui ont de la bienveil-
lance pour vous et qui viennent
vous faire l'aumône d'une idée.

On ne peut pas se figurer les excentricités, les inconvenances, les ridicu-
les, les vanités, les folies et les bêtises
de toutes sortes qui viennent se faire
passer en revue par les malheureux
artistes affligés de quelque renom-
mée. Cette importunité délirante n'a
qu'un bon résultat, qui est de vous
inspirer un vif intérêt et une joyeuse
sollicitude pour le talent modeste et
vrai qui veut bien se révéler à vous.
On est pressé alors de reporter sur
lui le bon vouloir que tant d'aber-

rations et de prétentions vous ont
forcé de refouler.

Ainsi, à peine arrivée au résultat
que j'avais poursuivi, une double
déception m'apparut. Indépendance
sous ces deux formes, l'emploi du
temps et l'emploi des ressources,
voilà ce que je croyais tenir, voilà
ce qui se transforma en un esclavage irritant et continuel. En voyant
combien mon travail était loin de
suffire aux exigences de la misère
environnante, je doublai, je triplai,
je quadruplai la dose du travail. Il
y eut des moments où elle fut
excessive, et où je me reprochai
les heures de repos et de distrac-
tion nécessaires comme une mol-

lesse de l'âme, comme une satisfaction de l'égoïsme. Naturellement
absolue dans mes convictions, je fus
longtemps gouvernée par la loi de
ce travail forcé et de cette aumône
sans bornes, comme je l'avais été
par l'idée catholique, au temps où je
m'interdisais les jeux et la gaieté de
l'adolescence pour m'absorber dans
la prière et dans la contemplation.

Ce ne fut qu'en ouvrant ma pensée au rêve d'une grande réforme
sociale que je me consolai, par la
suite, de l'étroitesse et de l'impuissance de mon dévouement. Je m'é-
tais dit, avec tant d'autres, que
certaines bases sociales étaient in-
destructibles, et que le seul remède

11.

contre les excès de l'inégalité était
dans le sacrifice individuel, volon-
taire. Mais c'est la porte ouverte
aux égoïstes aussi bien qu'aux dé-
voués, cette théorie de l'aumône
particulière. On y entre tout entier
ou on fait semblant d'y entrer. Personne n'est là pour constater que
vous êtes dedans ou dehors. Il y a
bien une loi religieuse qui vous
prescrit de donner, non pas votre
superflu, mais jusqu'au nécessaire; il
y a bien une opinion qui vous
conseille la charité : mais il n'est
pas de pouvoir constitué qui vous
contraigne et qui contrôle l'étendue
et la réalité de vos dons [1]. Dès

[1] En signalant ce fait, je n'entends pas dire

lors, vous êtes libre de tricher l'o-
pinion, d'être athée devant Dieu et
hypocrite devant les hommes. La
misère est à la merci de la conscience de chaque individu; et tandis que des courages naïfs s'immo-
lent avec excès, des esprits froids
et positifs s'abstiennent de les secon-
der, et leur laissent porter un far-
deau impossible.

Oui, impossible! Car s'il en était
autrement, si une poignée de bons
serviteurs pouvait sauver le monde
et suffire, par un travail forcé et
une abnégation sans limites, à détruire la misère et tous les vices

que l'aumône forcée soit une solution sociale. On
le verra tout à l'heure.

qu'elle engendre, ceux-là devraient
s'estimer heureux et fiers de leur
mission, et l'espoir du succès en at-
tirerait un plus grand nombre à la
gloire et à la joie du sacrifice.
Mais cet abîme de la misère n'est
pas de ceux que les dieux consen-
tent à fermer quand il a englouti
quelque holocauste. Il est sans fond,
et il faut qu'une société entière y
précipite ses offrandes pour le com-
bler un instant. Dans l'état des
choses, il semble même que les dévouements partiels le creusent et
l'agrandissent, puisque l'aumône avi-
lit, en condamnant celui qui compte
sur elle à l'abandon de soi-même.

On a retiré au clergé, aux commu-

nautés religieuses les immenses biens
qu'ils possédaient; on a tenté, dans
une grande révolution sociale, de
créer une caste de petits propriétaires
actifs et laborieux à la place d'une
caste de mendiants inertes et nui-
sibles. Donc l'aumône ne sauvait pas
la société, même exercée en grand
par un corps constitué et considérable; donc les richesses consacrées
à l'aumône étaient loin de suffire,
puisque ces richesses, mobilisées et
distribuées sous une autre forme,
ont laissé l'abîme béant et la misère
pullulante. Et l'on voit qu'en me
servant de cet exemple, je suppose
que tout a été pour le mieux, que
le clergé et les couvents n'ont jamais
employé leurs biens qu'à faire l'au-

mône, et que la vente des biens
nationaux n'a enrichi que des pauvres, ce qui n'est pas absolument
vrai, on le sait de reste.

Oui, oui, hélas! la charité est
impuissante, l'aumône inutile. Il est
arrivé, il arrivera encore, que des
crises violentes forceront les dicta-
tures, qu'elles soient populaires ou
monarchiques, à tailler dans le vif
et à exiger de la part des classes
riches des sacrifices considérables. Ce
sera le droit du moment, mais jamais un droit absolu, selon les
hommes, si un principe nouveau ne
vient le consacrer d'une manière
éternelle dans la libre croyance de
tous les hommes.

Les gouvernements, quels qu'ils
soient, n'y peuvent guère encore.
Ne les accusez pas trop. A supposer qu'ils voulussent inaugurer à tout
prix ce principe de salut universel
sous une forme quelconque, ils le
voudraient en vain. La résistance
des masses brisera toujours la volonté des individus, quelque ardente,
quelque miraculeuse qu'elle puisse
être. Toute dictature est un rêve,
si ce n'est celle du temps.

Et cependant, que faire, nous autres individus de bonne intention?
Nous abstenir ou nous immoler!

Je me suis mille fois posé ce problème, et je ne l'ai pas résolu. La

loi du Christ : *Vendez tout, donnez
l'argent aux pauvres et suivez-moi,*
est interdite aujourd'hui par les lois
humaines. Je n'ai pas le droit de
vendre mes biens et de les donner
aux pauvres. Quand même des con-
stitutions particulières de propriété
ne s'y opposeraient pas, la loi morale de l'hérédité des biens, qui en-
traîne celle de l'hérédité d'éducation, de dignité et d'indépendance,
nous l'interdit absolument, sous
peine d'infraction aux devoirs de la
famille. Nous ne sommes pas libres d'imposer le baptême de la
misère aux enfants nés de nous.
Ils ne sont pas plus notre propriété
morale que les serfs n'étaient la
propriété légitime d'un seigneur. La

misère est dégradante, il n'y a pas
à dire, puisque là où elle est
complète il faut s'humilier, et puisqu'on n'y échappe, dans ce cas,
que par la mort. Personne ne pour-
rait donc légitimement jeter ses enfants dans l'abîme pour en retirer
ceux des autres. Si tous appartien-
nent à Dieu au même titre, nous
nous devons plus spécialement à
ceux qu'il nous a donnés. Or, tout
ce qui enchaîne la liberté future
d'un enfant est un acte de tyrannie, quand même c'est un acte
d'enthousiasme et de vertu.

Si quelque jour, dans l'avenir, la
société nous demande le sacrifice

de l'héritage, sans doute elle pour-
voira à l'existence de nos enfants;
elle les fera honnêtes et libres au
sein d'un monde où le travail cons-
tituera le droit de vivre. La société ne peut prendre légitimement
à chacun que pour rendre à tous.
En attendant le règne de cette idée,
qui est encore à l'état d'utopie,
forcés de nous débattre dans les
liens de la famille qui seront toujours sacrés, et les effroyables difficultés de l'existence par le travail;
contraints de nous conformer aux
lois constituées, c'est-à-dire de respecter la propriété d'autrui et de
faire respecter la nôtre, sous peine
de finir par le bagne ou l'hôpital,
quel est donc le *devoir*, pour ceux

qui voient, de bonne foi, l'abîme de
la souffrance et de la misère?

Voilà un problème insoluble si
l'on ne se résout à vivre au sein
d'une contradiction flagrante entre
les principes de l'avenir et les nécessités du présent. Ceux qui nous
crient que nous devrions prêcher
d'exemple, ne rien posséder et vivre à la manière des chrétiens pri-
mitifs, semblent avoir raison contre
nous; seulement, en nous prescri-
vant avec ironie de donner tout et
de vivre d'aumônes, ils ne sont
guère logiques non plus, puisqu'ils
nous engagent à consacrer, par notre exemple, le principe de la men-

dicité que nous repoussons à l'état
de théorie sociale.

Quelques socialistes abordent plus
franchement la question, et j'en
sais qui m'ont dit : « Ne faites pas
l'aumône. En donnant à ceux qui
demandent, vous consacrez le principe de leur servitude. »

Eh bien, ceux-là même qui me
parlaient ainsi dans des moments
de conviction passionnée, faisaient
l'aumône le moment d'après, inca-
pables de résister à la pitié qui
commande aux entrailles et qui
échappe au raisonnement; et comme,
en faisant l'aumône, on est encore
plus humain et plus utile qu'en se

réduisant soi-même à la nécessité
de la recevoir, je crois qu'ils avaient
raison d'enfreindre leur propre logique, et de se résigner, comme
moi, à n'être pas d'accord avec
eux-mêmes.

La vérité n'en reste pas moins
une chose absolue, en ce sens qu'on
ne peut ni ne doit admettre la justice des lois qui régissent aujour-
d'hui la propriété. Je ne crois pas
qu'elles puissent être anéanties d'une
manière durable et utile, par un
bouleversement subit et violent. Il
est assez démontré que le partage
des biens constituerait un état de
lutte effroyable et sans issue, si ce
n'est l'établissement d'une nouvelle

caste de gros propriétaires dévorant
les petits, ou une stagnation d'é-
goïsmes complétement barbares.

Ma raison ne peut admettre autre chose qu'une série de modifica-
tions successives amenant les hommes, sans contrainte et par la
démonstration de leurs propres intérêts, à une solidarité générale
dont la forme absolue est encore
impossible à définir. Durant le cours
de ces transformations progressives,
il y aura encore bien des contradictions entre le but à poursuivre
et les nécessités du moment. Toutes les écoles socialistes de ces derniers temps ont entrevu la vérité
et l'ont même saisie par quelque

point essentiel; mais aucune n'a pu tracer bien sagement le code des lois qui doivent sortir de l'inspiration générale à un moment donné de l'histoire. C'est tout simple : l'homme ne peut que proposer; c'est l'avenir qui dispose. Tel croit être le philosophe le plus avancé de son siècle, qui sera tout à coup dépassé par des événements et des situations tout à fait mystérieux dans les desseins de la Providence, de même que certains obstacles qui paraissent légers aux plus prudents résisteront longtemps à l'action des efforts humains.

Pour ma part, je n'ai pas eu tout à fait la liberté du choix dans

ma conduite privée, eu égard à
l'emploi des biens qui me sont
échus. Placée, par contrat, sous la
loi du régime dotal, qui est une
sorte de substitution de la propriété,
j'ai dû regarder Nohant comme un
petit majorat dont je n'étais que le
dépositaire, et je n'aurais pu éluder
cette loi qu'en faisant l'office de dépositaire infidèle envers mes enfants.
Je me suis fait un cas de conscience
de leur transmettre intact le mince
héritage que j'avais reçu pour eux, et
j'ai cru concilier, autant que possible, la religion de la famille et la
religion de l'humanité en ne dis-
posant, pour les pauvres, que des
revenus de mon travail. Je ne sais
pas si je suis dans le faux. J'ai cru

être dans le vrai. J'ai la certitude
de m'être abstenue, depuis bien des
années, de toute satisfaction purement personnelle, de n'avoir rien
donné à la vanité, au luxe, à la
mollesse, à l'avarice, aux passions
que je n'avais pas et que le moyen
de les satisfaire n'a pas fait naître
en moi. Mince mérite à coup sûr!
Le seul sacrifice qui m'ait un peu
coûté, c'est de renoncer aux voyages,
que j'aurais aimés de passion, et qui
m'eussent développée comme artiste; mais dont j'ai dû m'abstenir,
à moins de nécessité pour les autres. Renoncer au séjour de Paris
m'a été personnellement nuisible
aussi à beaucoup d'égards; mais j'ai
cru ne devoir pas hésiter, et ce

sacrifice a porté avec soi sa récom-
pense, puisque l'amour de la campagne et de la vie intime m'a dé-
dommagée de mon isolement social.

Je n'ai donc rien fait de grand
et je n'ai vu réellement rien de
grand à faire, qui n'entamât pas,
par quelque point, la sécurité de
ma conscience. Lancer mes enfants,
malgré eux, dans le fanatisme de
convictions ardentes, m'eût semblé
un attentat contre leur liberté morale. J'ai cru devoir leur dire ma
foi et les laisser maîtres de la partager ou de la rejeter. J'ai cru devoir, dans la prévision des crises de
l'avenir, travailler à amoindrir en

eux la confiance aveugle et dan-
gereuse que l'héritage inspire à la
jeunesse, et leur prêcher la nécessité du travail. J'ai cru devoir faire
de mon fils un artiste, ne pas l'é-
lever pour n'être qu'un proprié-
taire, et cependant ne pas le forcer
à n'être qu'artiste en le dépouil-
lant de sa propriété. J'ai cru devoir remplir avec une fidélité scru-
puleuse toutes les obligations que,
sous peine de déshonneur et de
manque de parole, les contrats re-
latifs à l'argent imposent à tout le
monde. Quant à l'argent, je n'ai pas
su en gagner à tout prix; je n'ai
même pas su en gagner beaucoup,
tout en travaillant avec une persévérance soutenue. J'ai su en perdre,

par conséquent en refuser à ceux
qui m'en demandaient, plutôt que
d'en arracher rigoureusement à ceux
qui m'en devaient, et que j'aurais
réduits à la gêne. Les relations pé-
cuniaires sont établies de telle sorte
que l'assistance envers les uns pour-
rait bien, si l'on n'y prenait garde,
être le dépouillement cruel des autres. Que faire de mieux? Je ne
sais pas. Si je le savais, je l'aurais
fait, car mon intention est très-
droite. Mais je ne vois pas, et je n'ai
pas trouvé le moyen de rendre mon
dévouement utile à mes semblables
dans de grandes proportions, et je
ne peux pas attribuer cette impossibilité à l'insuffisance de mes ressources. Qu'elles s'étendissent à des

sommes beaucoup plus considérables, le nombre des infortunés à ma
charge n'eût fait que s'accroître, et
des millions de louis dans mes
mains eussent amené des millions de
pauvres autour de moi. Où serait
la limite? MM. de Rothschild donnant leur fortune aux indigents, dé-
truiraient-ils la misère? On sait bien
que non. Donc la charité indivi-
duelle n'est pas le remède, ce n'est
même pas un palliatif. Ce n'est pas
autre chose qu'un besoin moral qu'on
subit, une émotion qui se mani-
feste et qui n'est jamais satisfaite.

J'ai donc des raisons d'expérience,
des raisons puisées dans mes propres entrailles, pour ne pas accep-

ter le fait social comme une vérité
bonne et durable, et pour protester
contre ce fait jusqu'à ma dernière
heure. On a dit que j'avais pris cet
esprit de révolte dans mon orgueil.
Qu'est-ce que mon orgueil avait à
faire dans tout cela? J'ai commencé
par accepter sans réflexion et sans
combat les choses établies. J'ai pra-
tiqué la charité, et je l'ai pratiquée
longtemps avec beaucoup de mys-
tère, croyant naïvement que c'était
là un mérite dont il fallait se cacher. J'étais dans la lettre de l'Évan-
gile : « Que votre main gauche ne
sache pas ce que donne la main
droite. » Hélas! en voyant l'étendue
et l'horreur de la misère, j'ai re-
connu que la pitié était une obliga-

tion si pressante, qu'il n'y avait aucune espèce de mérite à en subir
les tiraillements, et que d'ailleurs,
dans une société si opposée à la
loi du Christ, garder le silence sur
de telles plaies ne pouvait être que
lâcheté ou hypocrisie.

Voilà à quelles certitudes m'ame-
nait le commencement de ma vie
d'artiste, et ce n'était que le commencement! Mais à peine eus-je
abordé ce problème du malheur
général que l'effroi me saisit jusqu'au vertige. J'avais fait bien des
réflexions, j'avais subi bien des
tristesses dans la solitude de Nohant, mais j'avais été absorbée et
comme engourdie par des préoc-

cupations personnelles. J'avais probablement cédé au goût du siècle,
qui était alors de s'enfermer dans
une douleur égoïste, de se croire
René ou Obermann, et de s'attribuer
une sensibilité exceptionnelle, par
conséquent des souffrances incon-
nues au vulgaire. Le milieu dans
lequel je m'étais isolée alors était
fait pour me persuader que tout le
monde ne pensait pas et ne souffrait pas à ma manière, puisque
je ne voyais autour de moi que
préoccupations des intérêts maté-
riels, aussitôt noyées dans la satisfaction de ces mêmes intérêts.

Quand mon horizon se fut élargi,
quand m'apparurent toutes les tris-

tesses, tous les besoins, tous les
désespoirs, tous les vices du grand
milieu social, quand mes réflexions
n'eurent plus pour objet ma propre destinée, mais celle du monde
où je n'étais qu'un atome, ma désespérance personnelle s'étendit à
tous les êtres, et la loi de la fatalité se dressa devant moi si terrible que ma raison en fut ébranlée.

Qu'on se figure une personne
arrivée jusqu'à l'âge de trente ans
sans avoir ouvert les yeux sur la
réalité, et douée pourtant de très-
bons yeux pour tout voir ; une
personne austère et sérieuse au
fond de l'âme, qui s'est laissé ber-

cer et endormir si longtemps par
des rêves poétiques, par une foi
enthousiaste aux choses divines, par
l'illusion d'un renoncement absolu
à tous les intérêts de la vie générale, et qui, tout à coup frappée
du spectacle étrange de cette vie
générale, l'embrasse et le pénètre
avec toute la lucidité que donne la
force d'une jeunesse pure et d'une
conscience saine !

Et ce moment où j'ouvrais les
yeux était solennel dans l'histoire.
La république rêvée en juillet
aboutissait aux massacres de Var-
sovie et à l'holocauste du cloître
Saint-Merry. Le choléra venait de

décimer le monde. Le saint-simo-
nisme, qui avait donné aux imagi-
nations un moment d'élan, était
frappé de persécution et avortait,
sans avoir tranché la grande question de l'amour, et même, selon
moi, après l'avoir un peu souillée.
L'art aussi avait souillé, par des
aberrations déplorables, le berceau
de sa réforme romantique. Le temps
était à l'épouvante et à l'ironie, à
la consternation et à l'impudence,
les uns pleurant sur la ruine de
leurs généreuses illusions, les autres riant sur les premiers éche-
lons d'un triomphe impur; personne ne croyant plus à rien, les
uns par découragement, les autres
par athéisme.

Rien dans mes anciennes croyances ne s'était assez nettement for-
mulé en moi, au point de vue social, pour m'aider à lutter contre
ce cataclysme où s'inaugurait le règne de la matière, et je ne trouvais pas dans les idées républicaines
et socialistes du moment une lumière suffisante pour combattre les
ténèbres que Mammon soufflait ou-
vertement sur le monde. Je restais
donc seule avec mon rêve de la
Divinité toute-puissante, mais non
plus tout amour, puisqu'elle aban-
donnait la race humaine à sa propre perversité ou à sa propre dé-
mence.

C'est sous le coup de cet abatte-

ment profond que j'écrivis *Lélia*, à
bâtons rompus et sans projet d'en
faire un ouvrage ni de le publier.
Cependant quand j'eus lié ensemble,
au hasard d'une donnée de roman,
un assez grand nombre de fragments épars, je les lus à Sainte-
Beuve, qui m'encouragea à continuer
et qui conseilla à Buloz de m'en
demander un chapitre pour la *Revue des Deux-Mondes*. Malgré ce
précédent, je n'étais pas encore décidée à faire de cette fantaisie un
livre pour le public. Il portait trop
le caractère du rêve, il était trop
de l'école de *Corambé* pour être
goûté par de nombreux lecteurs. Je
ne me pressais donc pas, et j'éloi-
gnais de moi, à dessein, la préoc-

cupation du public, éprouvant une
sorte de soulagement triste à céder
à l'imprévu de ma rêverie, et m'i-
solant même de la réalité du
monde actuel, pour tracer la synthèse du doute et de la souffrance,
à mesure qu'elle se présentait à
moi sous une forme quelconque.

Ce manuscrit traîna un an sous
ma plume, quitté souvent avec dédain et souvent repris avec ardeur.
C'est, je crois, un livre qui n'a pas
le sens commun au point de vue
de l'art, mais qui n'en a été que
plus remarqué par les artistes,
comme une chose d'inspiration spon-
tanée dans le détail. J'ai écrit deux
préfaces à ce livre, et j'ai dit là tout

ce que j'avais à en dire. Je n'y re-
viendrai donc pas inutilement. Le
succès de la forme fut très-grand.
Le fond fut critiqué avec une amertume extrême. On voulut voir des
portraits dans tous les personnages,
des révélations personnelles dans
toutes les situations; on alla jusqu'à interpréter dans un sens vi-
cieux et obscène des passages écrits
avec la plus grande candeur, et je
me souviens que, pour comprendre
ce que l'on m'accusait d'avoir voulu
dire, je fus forcée de me faire expliquer des choses que je ne savais
pas.

Je ne fus pas très-sensible à ce
déchaînement de la critique et aux

ignobles calomnies qu'il souleva. Ce
que l'on sait complétement faux
n'inquiète guère. On sent que cela
tombera de soi-même dans les bons
esprits, si tant est que les bons esprits puissent se tromper sur l'intention et sur les tendances d'un
livre.

Je m'étonnai seulement, et main-
tenant encore je m'étonne des ini-
mitiés personnelles que soulève l'é-
mission des idées. Je n'ai jamais
compris qu'on fût l'ennemi d'un artiste qui pense et crée dans un
sens opposé à celui que l'on a ou
que l'on aurait choisi. Que l'on dis-
cute et combatte le but de son
œuvre, je le conçois; mais que l'on

altère, de propos délibéré, cette
pensée pour la rendre condamna-
ble; que l'on dénature le texte
même par de fausses citations ou
des comptes rendus infidèles; que
l'on calomnie la vie de l'auteur
pour injurier sa personne; qu'on le
haïsse à travers son livre : voilà
encore une des énigmes de la vie
que je n'ai pas résolues et que je
ne résoudrai probablement jamais.
Je vois bien le fait, je le vois dans
tous les temps et à propos de toutes les idées; mais je m'étonne que
l'horreur de l'inquisition, générale-
ment sentie aujourd'hui, n'ait pas
suffi à guérir les hommes de cette
rage de persécution réciproque, où
il semble que la critique regrette

parfois de n'avoir pas le bourreau
à sa droite et le bûcher à sa gauche, en procédant à ses réquisi-
toires.

Je vis ces fureurs avec tristesse,
mais avec une certaine tranquillité.
Je n'avais pas pour rien amassé
dans la solitude un grand dédain
pour tout ce qui n'était pas le vrai.
Si j'eusse aimé et cherché le monde,
je me serais tourmentée probablement de la calomnie qui pouvait
momentanément m'en fermer l'accès; mais, ne cherchant que l'amitié sérieuse et sachant que rien ne
pouvait ébranler celles qui m'en-
touraient, je ne m'aperçus réellement jamais des effets de la mé-

chanceté, et ma tâche fut si facile
sous ce rapport que je ne saurais
mettre la persécution au nombre
des malheurs de ma vie.

D'ailleurs, en toutes choses, les
chagrins qui n'ont eu leur effet que
sur ma propre existence, je les
compte aujourd'hui pour rien. Ce
n'est pas que je les aie tous portés
avec courage. Non! J'étais, je suis
peut-être encore d'une sensibilité
excessive et que la raison ne gouverne pas du tout dans le moment
de la crise. Mais j'apprécie les souffrances morales comme je crois
que la raison doit les apprécier sitôt qu'elle reprend son empire. Je
vois dans mon passé, comme dans

celui de tous les êtres aimants que
j'ai connus, des déchirements terri-
bles, des déceptions accablantes, des
heures d'agonie véritable; mais je
fais la part de la personnalité, qui
est violente dans la jeunesse. C'est
le propre de la jeunesse de vouloir saisir et fixer le rêve du bonheur. Si elle y renonçait facilement,
si elle ne le poursuivait avec âpreté,
si, au lendemain d'une catastrophe,
elle ne se relevait du désespoir avec
une assurance nouvelle, si elle ne
vivait de chimères, de croyances
ardentes, de dévouements enthou-
siastes, d'amers dédains, de chaudes
indignations, en un mot de tous les
abattements et de tous les renou-
vellements de la volonté, elle ne

serait pas la jeunesse, et cette fatalité qui la pousse à découvrir le
monde de son imagination et l'idéal
de son cœur à travers l'imminence
des naufrages, c'est presque un droit
qu'elle exerce, puisque c'est une loi
qu'elle subit.

Mais tout cela, vu à distance,
rentre dans le monde des songes
évanouis. Nul de nous ne regrette
d'être délivré de ses maux, et nul
de nous cependant ne regrette de
les avoir éprouvés. Tous, nous sa-
vons qu'il faut vivre quand on est
dans la force des émotions, parce
qu'il faut avoir vécu quand on est
dans la force de la réflexion. Il ne
faut regretter des épreuves de la vie

que celles qui nous ont fait un mal
réel et durable.

Quel est ce mal? Je vais vous le
dire. Toute douleur lente ou rapide
qui nous ôte des forces et nous
laisse amoindris est une infortune
véritable et dont il n'est guère facile de se consoler jamais. Un vice,
un crime moral, une lâcheté, voilà
de ces malheurs qui vieillissent tout
à coup et qui méritent la pitié
qu'on peut avoir envers soi-même
et demander aux autres. Il est, dans
l'ordre moral, des maladies analo-
gues à celles de la vie physique, en
ce qu'elles nous laissent infirmes et
à jamais brisés.

Votre corps est-il sans infirmités contractées avant l'âge ? Quelque souffreteux que vous puissiez être, ne vous plaignez pas; vous vous portez aussi bien qu'une créature humaine peut l'espérer. Ainsi de votre âme. Vous sentez-vous en possession de l'exercice de vos facultés pour le vrai et pour le juste ? quelles que soient vos crises passagères de découragement ou d'excitation, ne reprochez pas à la destinée de vous avoir éprouvés trop rudement : vous êtes aussi heureux que l'homme peut aspirer à l'être.

Cette philosophie me paraît bien facile à présent. Se laisser souffrir, puisque la souffrance est inévitable,

et ne pas la maudire quand elle
s'apaise, puisqu'elle ne nous a pas
rendus pires : toute âme honnête
peut pratiquer cette humble sagesse
pour son compte.

Mais il est une douleur plus difficile à supporter que toutes celles
qui nous frappent à l'état d'individu. Elle a pris tant de place dans
mes réflexions, elle a eu tant d'empire sur ma vie, jusqu'à venir em-
poisonner mes phases de pur bonheur personnel, que je dois bien la
dire aussi !

Cette douleur, c'est le mal général : c'est la souffrance de la race
entière, c'est la vue, la connaissance,

la méditation du destin de l'homme
ici-bas. On se fatigue vite de se
contempler soi-même. Nous sommes
de petits êtres sitôt épuisés, et le
roman de chacun de nous est si
vite repassé dans sa propre mémoire! A moins de se croire sublime, peut-on n'examiner et ne
contempler que son *moi?* D'ailleurs,
qui est-ce qui se trouve sublime de
bien bonne foi? Le pauvre fou qui
se prend pour le soleil et qui, de
sa triste loge, crie aux passants :
Prenez garde à l'éclat de mes rayons!

Nous n'arrivons à nous comprendre et à nous sentir vraiment nous-
mêmes qu'en nous oubliant, pour
ainsi dire, et en nous perdant dans

la grande conscience de l'humanité.
C'est alors qu'à côté de certaines
joies et de certaines gloires dont le
reflet nous grandit et nous transfi-
gure, nous sommes saisis tout à
coup d'un invincible effroi et de
poignants remords en regardant les
maux, les crimes, les folies, les injustices, les stupidités, les hontes de
cette nation qui couvre le globe et
qui s'appelle l'homme. Il n'y a pas
d'orgueil, il n'y a pas d'égoïsme qui
nous console quand nous nous ab-
sorbons dans cette idée!

Tu te diras en vain : « Je suis un
être raisonnable parmi ces millions
d'êtres qui ne le sont pas; je ne
souffre pas de ces maux que leur

sottise leur attire. » Hélas! tu n'en
seras pas plus fier, puisque tu ne
peux pas faire que tes semblables
soient semblables à toi. Ton isolement t'épouvantera d'autant plus
que tu te croiras meilleur et te
sentiras plus heureux que les autres.

Ton innocence même, la conscience de ta douceur et de ta pro-
bité, la sérénité de ton propre cœur,
ne te seront pas un refuge contre
la tristesse profonde qui t'enveloppe,
si tu te sens vivre dans un milieu
impur, sur une terre souillée, parmi
des êtres sans foi ni loi, qui se dé-
vorent les uns les autres, et chez
qui le vice est bien autrement con-
tagieux que la vertu.

Tu as une heureuse famille, je
suppose, d'excellents amis, un en-
tourage de bonnes âmes comme la
tienne. Tu as réussi à fuir le con-
tact de l'humanité malade. Hélas!
pauvre homme de bien, tu n'en es
que plus seul!

Tu es doux, généreux, sensible;
tu ne peux lire l'histoire sans fré-
mir à chaque page, et le sort des
victimes innombrables que le temps
dévore t'arrache de saintes larmes;
hélas! pauvre bon cœur, à quoi
servent les pleurs de ta pitié? Elles
mouillent la page que tu lis et ne
font pas revivre un seul homme
immolé par la haine!

Tu es dévoné, actif, ardent ; tu
parles, tu écris, tu agis de toutes
tes forces sur les esprits qui veulent bien t'écouter. On te jette des
pierres et de la boue : n'importe,
tu es courageux, tu persévères! Hélas ! pauvre martyr, tu mourras à
la peine, et ta dernière prière sera
encore pour des hommes que d'autres hommes font souffrir !

Eh bien, il n'est pas nécessaire
d'être un saint pour vivre ainsi de
la vie des autres et pour sentir que
le mal général empoisonne et flétrit
le bonheur personnel. Tous, oui,
tous, nous subissons cette douleur
commune à tous, et ceux qui semblent s'en préoccuper le moins s'en

préoccupent encore assez pour en
redouter le contre-coup sur l'édifice
fragile de leur sécurité. Cette préoccupation augmente de jour en
jour, d'heure en heure, à mesure
que le monde s'éclaire, se commu-
nique sa vie et se sent vibrer d'un
bout à l'autre comme une chaîne
magnétique. Deux personnes ne se
rencontrent pas, trois hommes ne
se trouvent pas réunis, sans que,
du chapitre des intérêts particuliers,
on ne passe vite à celui des intérêts généraux pour s'interroger, se
répondre et se passionner. Le
paysan lui-même, ce type d'insou-
ciance et de dédain pour tout ce
qui est au delà de son champ,
veut savoir aujourd'hui si, de l'au-

tre côté de sa colline, les êtres humains sont plus tranquilles et plus satisfaits que lui.

C'est la loi de la vie; mais, de toutes les lois de la vie, c'est la plus cruelle; et quand ce devient une loi de la conscience, c'est le tourment du devoir de tous aux prises avec l'impuissance de chacun.

Ceci n'est pas une récrimination politique. La politique d'actualité, si intéressante qu'elle puisse être, n'est jamais qu'un horizon. La loi de douleur qui plane sur notre monde et le cri de plainte qui s'en exhale partent des intimes convulsions de son essence même, et nulle révolution

actuellement possible ne saurait ni
l'étouffer ni en détruire les causes profondes. Quand on s'abîme
dans cette recherche, on arrive à
constater l'action du bien et du
mal dans l'humanité, à saisir le mécanisme des effets et des résistances,
à savoir enfin *comment* s'opère cet
éternel combat. Rien de plus! Le
pourquoi, c'est Dieu seul qui pour-
rait nous le dire, lui qui a fait
l'homme si lentement progressif, et
qui eût pu le faire plus intelligent
et plus puissant pour le bien que
pour le mal.

Devant cette question que l'âme
peut adresser à la suprême sagesse,
j'avoue que le terrible mutisme de

la Divinité consterne l'entendement.
Là, nous sentons notre volonté se
briser contre la porte d'airain des
impénétrables mystères; car nous ne
pouvons pas admettre le souverain
bien, type de toute lumière et de
toute perfection, répondant à la
terre suppliante et gémissante par
la loi brutale de son bon plaisir.

Devenir athée et supposer une
loi inintelligente présidant à la règle des destinées de l'univers, c'est
admettre quelque chose de bien
plus extraordinaire et de bien plus
incroyable que de s'avouer, soi, raison bornée, dépassé par les motifs
de la raison infinie. La foi triomphe donc de ses propres doutes;

14.

mais l'âme navrée sent les bornes
de sa puissance se resserrer étroite-
ment sur elle et enchaîner son dévouement dans un si petit espace,
que l'orgueil s'en va pour jamais et
que la tristesse demeure.

Voilà sous l'empire de quelles
préoccupations secrètes j'avais écrit
Lélia. Je n'en parlais à personne,
sachant bien que personne autour
de moi ne pouvait me répondre, et
chérissant peut-être aussi, d'une certaine façon, le secret de ma rêverie. J'avais toujours été, et j'ai été
toujours ainsi, aimant à me nour-
rir seule d'une idée lentement sa-
vourée, quelque rongeuse et dévo-
rante qu'elle puisse être. Le seul

égoïsme permis, c'est celui du découragement qui ne veut se communiquer à personne et qui, en
s'épuisant dans la contemplation de
ses propres causes, finit par céder
au besoin de vivre, à la grâce intérieure peut être!

Il est vrai qu'en me taisant ainsi
devant mes amis, j'exhalais, en pu-
bliant mon livre, une plainte qui
devait avoir un plus grand reten-
tissement. Je n'y songeai pas d'a-
bord. Faisant bon marché de moi-
même et de ma propre douleur, je
me dis que mon livre serait peu
lu et ferait plutôt rire à mes dépens, comme un ramassis de songes creux, qu'il ne ferait rêver aux

durs problèmes du doute et de la
croyance. Quand je vis qu'il faisait
soupirer aussi quelques âmes in-
quiètes, je me persuadai et je me
persuade encore que l'effet de ces
sortes de livres est plutôt bon que
mauvais, et que, dans un siècle
matérialiste, ces ouvrages-là valent
mieux que les *Contes drôlatiques*,
bien qu'ils amusent beaucoup moins
la masse des lecteurs.

A propos des *Contes drôlatiques*,
qui parurent vers la même époque,
j'eus une assez vive discussion avec
Balzac, et comme il voulait m'en
lire, malgré moi, des fragments, je
lui jetai presque son livre au nez.
Je me souviens que, comme je le

traitais de gros indécent, il me
traita de prude et sortit en me
criant sur l'escalier : « Vous n'êtes
qu'une bête! » Mais nous n'en fû-
mes que meilleurs amis, tant Balzac
était véritablement naïf et bon.

Après quelques jours passés dans
la forêt de Fontainebleau, je dési-
rai voir l'Italie, dont j'avais soif
comme tous les artistes et qui me
satisfit dans un sens opposé à celui
que j'attendais. Je fus vite fatiguée
de voir des tableaux et des mo-
numents. Le froid m'y donna la
fièvre, puis la chaleur m'écrasa et
le beau ciel finit par me lasser.
Mais la solitude se fit pour moi
dans un coin de Venise, et m'eût

enchaînée là longtemps si j'avais eu
mes enfants avec moi. Je ne refe-
rai ici, qu'on se rassure, aucune
des descriptions que j'ai publiées
soit dans les *Lettres d'un voyageur*,
soit dans divers romans dont j'ai
placé la scène en Italie, et à Venise particulièrement. Je donnerai
seulement sur moi-même quelques
détails qui ont naturellement leur
place dans ce récit.

CHAPITRE TROISIÈME.

M. Beyle (Stendhal.) — La cathédrale d'Avignon. —
Passage à Gênes, Pise et Florence. — Arrivée à Venise par l'Apennin, Bologne et Ferrare. — Alfred de
Musset, Géraldy, Léopold Robert à Venise. — Travail
et solitude à Venise. — Détresse financière. — Beau
trait d'un officier autrichien. — Catulle père. — Vexations. — Polichinelle. — Rencontre singulière. — Départ pour la France. — Le *Cartone.* — Les brigands.
— Antonino. — Rencontre de trois Anglais. — Les
théâtres à Venise. — La Pasta, Mercadante, Zacometto. — Les mœurs de l'égalité à Venise. — Arrivée
à Paris. — Retour à Nohant. — Julie. — Mes amis
du Berry. — Ceux de la mansarde. — Prosper Bressant. — *Le Prince.*

Sur le bateau à vapeur qui me conduisait de Lyon à Avignon, je rencontrai un des écrivains les plus remarquables de ce temps-ci, Beyle, dont le pseudonyme était Stendhal. Il était consul à Civita-Vecchia et retournait à son poste, après un

court séjour à Paris. Il était brillant
d'esprit et sa conversation rappelait
celle de Delatouche, avec moins de
délicatesse et de grâce, mais avec
plus de profondeur. Au premier
coup d'œil, c'était un peu aussi le
même homme, gras et d'une phy-
sionomie très-fine sous un masque
empâté. Mais Delatouche était em-
belli, à l'occasion, par sa mélanco-
lie soudaine, et Beyle restait satirique et railleur à quelque moment
qu'on le regardât. Je causai avec
lui une partie de la journée et le
trouvai fort aimable. Il se moqua
de mes illusions sur l'Italie, assurant que j'en aurais vite assez, et
que les artistes à la recherche du
beau en ce pays étaient de véri-

tables badauds. Je ne le crus guère,
voyant qu'il était las de son exil
et y retournait à contre-cœur. Il
railla, d'une manière très-amusante,
le type italien, qu'il ne pouvait
souffrir et envers lequel il était
fort injuste. Il me prédit surtout
une souffrance que je ne devais
nullement éprouver, la privation de
causerie agréable et de tout ce qui,
selon lui, faisait la vie intellectuelle, les livres, les journaux, les
nouvelles, l'actualité, en un mot.
Je compris bien ce qui devait manquer à un esprit si charmant, si
original et si poseur, loin des relations qui pouvaient l'apprécier et
l'exciter. Il posait surtout le dédain
de toute vanité et cherchait à dé-

couvrir, dans chaque interlocuteur,
quelque prétention à rabattre sous
le feu roulant de sa moquerie. Mais
je ne crois pas qu'il fût méchant :
il se donnait trop de peine pour
le paraître.

Tout ce qu'il me prédit d'ennui
et de vide intellectuel en Italie
m'alléchait au lieu de m'effrayer,
puisque j'allais là, comme partout,
pour fuir le bel esprit dont il me
croyait friande.

Nous soupâmes avec quelques autres voyageurs de choix, dans une
mauvaise auberge de village, le pi-
lote du bateau à vapeur n'osant
franchir le pont Saint-Esprit avant

le jour. Il fut là d'une gaieté folle,
se grisa raisonnablement, et, dan-
sant autour de la table avec ses
grosses bottes fourrées, devint quelque peu grotesque et pas du tout
joli.

A Avignon, il nous mena voir la
grande église, très-bien située, où,
dans un coin, un vieux Christ en
bois peint, de grandeur naturelle
et vraiment hideux, fut pour lui
matière aux plus incroyables apo-
strophes. Il avait en horreur ces
repoussants simulacres dont les mé-
ridionaux chérissaient, selon lui, la
laideur barbare et la nudité cynique. Il avait envie de s'attaquer, à
coups de poing, à cette image.

Pour moi, je ne vis pas avec
regret Beyle prendre le chemin de
terre pour gagner Gênes. Il craignait la mer, et mon but était
d'arriver vite à Rome. Nous nous
séparâmes donc après quelques jours
de liaison enjouée; mais, comme le
fond de son esprit trahissait le goût,
l'habitude ou le rêve de l'obscénité,
je confesse que j'avais assez de
lui, et que s'il eût pris la mer, j'aurais peut-être pris la montagne.
C'était, du reste, un homme émi-
nent, d'une sagacité plus ingénieuse
que juste en toutes choses appréciées par lui, d'un talent original et
véritable, écrivant mal, et disant
pourtant de manière à frapper et
à intéresser vivement ses lecteurs.

La fièvre me prit à Gênes, cir-
constance que j'attribuai au froid
rigoureux du trajet sur le Rhône,
mais qui en était indépendante,
puisque, dans la suite, je retrou-
vai cette fièvre à Gênes par le beau
temps et sans autre cause que l'air
de l'Italie, dont l'acclimatation m'est
difficile.

Je poursuivis mon voyage quand
même, ne souffrant pas, mais peu
à peu si abrutie par les frissons,
les défaillances et la somnolence,
que je vis Pise et le Campo-Santo
avec une grande apathie. Il me devint même indifférent de suivre une
direction ou une autre; Rome et
Venise furent jouées à pile ou face.

Venise face retomba dix fois sur le plancher. J'y voulus voir une destinée, et je partis pour Venise par Florence.

Nouvel accès de fièvre à Florence. Je vis toutes les belles choses qu'il fallait voir, et je les vis à travers une sorte de rêve qui me les faisait paraître un peu fantastiques. Il faisait un temps superbe, mais j'étais glacée, et, en regardant le *Persée* de Cellini et la Chapelle carrée de Michel-Ange, il me semblait, par moments, que j'étais statue moi-même. La nuit, je rêvais que je devenais mosaïque, et je comptais attentivement mes petits carrés de lapis et de jaspe.

Je traversai l'Apennin par une
nuit de janvier froide et claire,
dans la calèche assez confortable
qui, accompagnée de deux gendarmes en habit jaune serin, faisait le
service de courrier. Je n'ai jamais
vu de route plus déserte et de
gendarmes moins utiles, car ils
étaient toujours à une lieue en
avant ou en arrière de nous et paraissaient ne pas se soucier du tout
de servir de point de mire aux
brigands. Mais, en dépit des alarmes du courrier, nous ne fîmes
d'autre rencontre que celle d'un petit volcan que je pris pour une
lanterne allumée auprès de la route,
et que cet homme appelait avec
emphase *il monte fuoco.*

15.

Je ne pus rien voir à Ferrare et
à Bologne : j'étais complétement
abattue. Je m'éveillai un peu au
passage du Pô, dont l'étendue, à
travers de vastes plaines sablonneu-
ses, a un grand caractère de tristesse et de désolation. Puis je me
rendormis jusqu'à Venise, très-peu
étonnée de me sentir glisser en
gondole, et regardant, comme dans
un mirage, les lumières de la place
Saint-Marc se refléter dans l'eau,
et les grandes découpures de l'architecture byzantine se détacher sur
la lune, immense à son lever, fantastique elle-même à ce moment-là
plus que tout le reste.

Venise était bien la ville de mes

rêves, et tout ce que je m'en étais
figuré se trouva encore au-dessous
de ce qu'elle m'apparut, et le matin et le soir, et par le calme des
beaux jours et par le sombre reflet
des orages. J'aimai cette ville pour
elle-même, et c'est la seule au
monde que je puisse aimer ainsi,
car une ville m'a toujours fait l'effet d'une prison que je supporte à
cause de mes compagnons de capti-
vité. A Venise on vivrait longtemps seul, et l'on comprend qu'au
temps de sa splendeur et de sa
liberté, ses enfants l'aient presque
personnifiée dans leur amour et
l'aient chérie non pas comme une
chose, mais comme un être.

A ma fièvre succéda un grand
malaise et d'atroces douleurs de
tête que je ne connaissais pas, et
qui se sont installées, depuis lors,
dans mon cerveau en migraines
fréquentes et souvent insupporta-
bles. Je ne comptais rester dans
cette ville que peu de jours et en
Italie que peu de semaines, mais
des événements imprévus m'y retin-
rent davantage.

Alfred de Musset subit bien plus
gravement que moi l'effet de l'air
de Venise, qui foudroie beaucoup
d'étrangers, on ne le sait pas assez [1]. Il fit une maladie grave;

[1] Géraldy, le chanteur, était à Venise à la
même époque, et fit, en même temps qu'Alfred

une fièvre typhoïde le mit à deux
doigts de la mort. Ce ne fut pas

de Musset, une maladie non moins grave. Quant à
Léopold Robert, qui s'y était fixé et qui s'y brûla
la cervelle peu de temps après mon départ, je ne
doute pas que l'atmosphère de Venise, trop exci-
tante pour certaines organisations, n'ait beaucoup
contribué à développer le spleen tragique qui s'é-
tait emparé de lui. Pendant quelque temps, je
demeurai vis-à-vis de la maison qu'il occupait, et
je le voyais passer tous les jours sur une barque
qu'il ramait lui-même. Vêtu d'une blouse de ve-
lours noir et coiffé d'une toque pareille, il rappelait les peintres de la Renaissance. Sa figure était
pâle et triste, sa voix rêche et stridente. Je désirais beaucoup voir son tableau des *Pêcheurs chiog-
giotes* dont on parlait comme d'une merveille mys-
térieuse, car il le cachait avec une sorte de jalousie
colère et bizarre. J'aurais pu profiter de sa promenade, dont je connaissais les heures, pour me
glisser dans son atelier; mais on me dit que s'il

seulement le respect dû à un beau
génie qui m'inspira pour lui une
grande sollicitude et qui me donna,
à moi très-malade aussi, des forces inattendues; c'était aussi les cô-
tés charmants de son caractère et
les souffrances morales que de certaines luttes entre son cœur et
son imagination créaient sans cesse
à cette organisation de poëte. Je
passai dix-sept jours à son chevet
sans prendre plus d'une heure de
repos sur vingt-quatre. Sa conva-

apprenait l'infidélité de son hôtesse, il en devien-
drait fou. Je me gardai bien de vouloir lui causer
seulement un accès d'humeur; mais cela me con-
duisit à apprendre des personnes qui le voyaient à
toute heure qu'il était déjà considéré comme un
maniaque des plus chagrins.

lescence dura à peu près autant,
et quand il fut parti, je me souviens que la fatigue produisit sur
moi un phénomène singulier. Je
l'avais accompagné de grand matin, en gondole, jusqu'à Mestre, et
je revenais chez moi par les petits
canaux de l'intérieur de la ville.
Tous ces canaux étroits, qui servent de rues, sont traversés de petits ponts d'une seule arche pour le
passage des piétons. Ma vue était
si usée par les veilles, que je voyais
tous les objets renversés, et particulièrement ces enfilades de ponts qui
se présentaient devant moi comme
des arcs retournés sur leur base.

Mais le printemps arrivait, le

printemps du nord de l'Italie, le
plus beau de l'univers peut-être. De
grandes promenades dans les Alpes
tyroliennes et ensuite dans l'Archi-
pel vénitien, semé d'îlots charmants,
me remirent bientôt en état d'é-
crire. Il le fallait, mes petites finances étaient épuisées, et je n'avais
pas du tout de quoi retourner à
Paris. Je pris un petit logement plus
que modeste dans l'intérieur de la
ville. Là, seule toute l'après-midi, ne
sortant que le soir pour prendre
l'air, travaillant encore la nuit au
chant des rossignols apprivoisés qui
peuplent tous les balcons de Ve-
nise, j'écrivis *André*, *Jacques*, *Mattea*
et les premières *Lettres d'un voyageur*.

Je fis à Buloz divers envois qui
devaient promptement me mettre à
même de payer ma dépense cou-
rante (car je vivais en partie à
crédit) et de retourner vers mes
enfants, dont l'absence me tiraillait
plus vivement le cœur de jour en
jour. Mais un guignon particulier
me poursuivait dans cette chère Venise; l'argent n'arrivait pas. Les semaines se succédaient, et chaque
jour mon existence devenait plus
problématique. On vit à très-bon
marché, il est vrai, dans ce pays, si
l'on veut se restreindre à manger
des sardines et des coquillages, nour-
riture saine d'ailleurs, et que l'extrême chaleur rend suffisante au peu
d'appétit qu'elle vous permet d'a-

voir. Mais le café est indispensable
à Venise. Les étrangers y tombent
malades principalement parce qu'ils
s'effrayent du régime nécessaire, qui
consiste à prendre du café noir au
moins six fois par jour. Cet excitant
inoffensif pour les nerfs, indispensable comme tonique tant que l'on
vit dans l'atmosphère débilitante des
lagunes, reprend son danger dès
qu'on remet le pied en terre ferme.

Le café était donc un objet coû-
teux dont il fallut commencer à restreindre la consommation. L'huile
de la lampe pour les longues veil-
lées s'usait terriblement vite. Je gar-
dais encore la gondole de louage,
de sept à dix heures du soir, moyen-

nant quinze francs par mois; mais
c'était à la condition d'avoir un gondolier si vieux et si écloppé, que je
n'aurais pas osé le renvoyer, dans
la crainte qu'il ne mourût de faim.
Pourtant je faisais cette réflexion,
que je dînais pour six sous afin
d'avoir de quoi le payer, et qu'il
trouvait, lui, le moyen d'être ivre
tous les soirs.

Ce pauvre père Catulle, dont j'ai
parlé dans les *Lettres d'un voyageur*,
me rappelle une anecdote caracté-
ristique du régime autrichien à Venise.

Un soir que j'étais dans la gondole amarrée à un coin d'abordage,

attendant que mon vieux barcarolle
me rapportât je ne sais quel objet
que je l'avais chargé de m'aller
chercher, j'entendis que la *feltra*,
c'est-à-dire la couverture de la gondole, était arrosée par un passant
que je supposai ivre ou distrait. Les
jalousies étant fermées, je n'avais
rien à craindre de cette indécente
aspersion, lorsque j'entendis la voix
enrouée de Catulle qui criait : « *Porco
di Tedesco !* tu te permets de souil-
ler ma gondole ! La prends-tu pour
une borne ? — Apprends, répondait
l'autre en mauvais italien, que je
suis officier au service de Sa Ma-
jesté Autrichienne, et que j'ai le
droit de faire pis sur ta gondole,
si bon me semble.

— Mais il y a une dame dans ma gondole! » cria le gondolier.

Alors l'officier autrichien, qui n'était pas ivre du tout, vint ouvrir la porte de la *feltra*, et me regardant : « La signora, dit-il, a eu la *gentilezza e la prudenza* de se taire; elle a bien fait. Pour toi, tu iras demain en prison, et tu es bien heureux que je ne te passe pas mon épée à travers le corps. »

Et le pauvre Catulle aurait été en prison en effet si je n'eusse intercédé pour lui en disant qu'il était gris, et en ayant l'air d'accepter comme un honneur ce que l'Autrichien avait daigné laisser tomber sur ma gondole.

Ces ignobles vexations étaient de
tous les jours et de tous les instants. A la moindre odeur de tabac
suspect, les employés de la douane
montaient dans les appartements et
fouillaient dans les armoires, dans
les commodes; heureux était-on
quand ils ne profitaient pas de l'occasion pour glisser un foulard ou
une paire de bas dans leur poche,
comme je l'avais vu pratiquer sur
mon propre bagage et sans trop de
façons à la douane de Gênes et
ailleurs.

Polichinelle était alors le seul ven-
geur de cette population opprimée.
A la faveur de l'idiome vénitien, que
les Allemands nouveaux venus n'en-

tendaient pas, il dégoisait contre eux
les plus plaisantes invectives ; et
quand une figure étrangère suspecte
venait grossir l'auditoire, les gamins
du carrefour avertissaient Polichinelle par un certain cri, afin qu'il
retînt sa langue. J'ai vu deux gros
sbires hongrois, bernés pendant un
quart d'heure sans s'en douter, recevoir tout à coup des compliments
adroitement ironiques à l'arrivée
d'un troisième dont le sourire indi-
quait qu'il entendait le vénitien.

Au reste, dans toutes les saynètes
des marionnettes, un personnage
stupide était invariablement chargé
du rôle de *Tedesco*. Son office était
de venir prendre une leçon d'ita-

lien de Polichinelle déguisé en
maître de langues, et se donnant
pour académicien *della Crusca*. L'Al-
lemand s'évertuait à prononcer
quelques mots en les écorchant, et
chaque fois il recevait de Polichinelle une volée de coups de bâton,
aux rires et aux trépignements de
joie frénétiques de l'auditoire.

Cette complicité de haines contre
l'étranger avait au moins le bon
effet de rendre la population très-
unie et très-fraternelle, et nulle part
je n'ai vu les mœurs populaires
aussi douces qu'à Venise. On pouvait être bien certain d'apaiser subitement deux portefaix prêts à se

battre, en leur disant qu'ils se con-
duisaient comme des Allemands.

J'aurais donc aimé tout dans
Venise, hommes et choses, sans
l'occupation autrichienne, qui était
odieuse et révoltante. Les Vénitiens
sont bons, aimables, spirituels, et,
sans leurs rapports avec les Escla-
vons et les Juifs, qui ont envahi
leur commerce, ils seraient aussi
honnêtes que les Turcs, qui sont
là aimés et estimés comme ils le
méritent.

Mais, malgré ma sympathie pour
ce beau pays et pour les habitants,
malgré les douceurs d'une vie favo-

16.

rable au travail par la mollesse
même des habitudes environnantes,
malgré les ravissantes découvertes
que chaque pas au hasard vous
fait faire dans le plus pittoresque
assemblage de décors féeriques, de
solitudes splendides et de recoins
charmants, je m'impatientais et je
m'effrayais de la misère bien réelle
où j'allais tomber et de l'impossibilité de partir, dont je ne voyais
pas arriver le terme. J'écrivais en
vain à Paris, j'allais en vain chaque jour à la poste; rien n'arrivait.
J'avais envoyé des volumes; je ne
savais pas seulement si on les avait
reçus. Personne à Venise ne connaissait peut-être l'existence de la
Revue des Deux Mondes.

Un jour que je n'avais plus rien,
littéralement rien, et qu'ayant dîné
pour moins que rien, je me pré-
lassais encore dans ma gondole,
jouissant de mon reste, puisque la
quinzaine était payée d'avance, tout
en réfléchissant à ma situation et
en me demandant, avec une mor-
telle répugnance, si j'oserais la
confier à une seule des personnes,
en bien petit nombre, que je connaissais à Venise; une tranquillité
singulière me vint tout à coup à
l'idée saugrenue, mais nette et fixe,
que j'allais rencontrer, le jour
même, à l'instant même, une personne de mon pays, qui, connais-
sant mon caractère et ma position, me tirerait d'embarras sans

m'en faire éprouver aucun à lui
emprunter le nécessaire. Dans cette
conviction non raisonnée, à coup
sûr, mais complète, j'ouvris la jalousie et me mis à regarder attentivement toutes les figures des gon-
doles qui croisaient la mienne sur
le canal Saint-Marc. Je n'en vis
aucune de ma connaissance, mais
l'idée persistant, j'entrai au jardin
public, cherchant les groupes de
promeneurs, et faisant attention,
contre ma coutume, à tous les visages, à toutes les voix.

Tout à coup, mes regards rencontrent ceux d'un homme très-bon
et très-honnête avec qui j'avais fait
connaissance autrefois aux eaux du

mont Dore, et qui, s'étant lié avec
mon mari, était venu nous voir
plusieurs fois à Nohant. Il était riche, indépendant. Il savait qui j'é-
tais moi-même. Il accourut à moi,
très surpris de me voir là. Je lui
racontai mon aventure, et sur-le-
champ il m'ouvrit sa bourse avec
joie, assurant qu'au moment où il
m'avait aperçue, il était justement
en train de penser à moi et de se
rappeler Nohant et le Berry, sans
pouvoir s'expliquer pourquoi ce souvenir se présentait si nettement à
lui, au milieu de préoccupations
où rien ne se rattachait à moi ni
aux miens.

Fut-ce un effet du hasard ou de

son imagination après coup, en
m'entendant lui raconter en riant
mon pressentiment, je n'en sais
rien. Je raconte le fait tel qu'il est.

Je refusai de lui prendre plus
de deux cents francs. Il s'en allait
en Russie, et comme il devait s'arrêter quelques jours à Vienne, je
pensais, avec raison, recevoir à
temps, de Paris, de quoi le rem-
bourser avant qu'il allât plus loin,
et de quoi m'en aller moi-même
en France.

Mon espérance fut réalisée. A
peine avait-il quitté Venise, qu'un
employé de la poste, prié et
sommé de faire des recherches,

découvrit, dans un casier négligé, les lettres et les billets de banque de Buloz, oubliés là depuis près de deux mois, soit par hasard, soit à dessein, en dépit de toutes les questions et de toutes les instances.

Je mis ordre aussitôt à mes affaires : je fis mes paquets, et je partis à la fin d'août par une chaleur écrasante.

J'ai toujours eu horreur des diligences. Je préférai prendre un voiturin, qui, voyageant à petites journées, me permettait de parcourir à pied tout le beau pays, et de me servir de sa protection dans mes haltes. Mon conducteur était un fort brave homme qui n'avait pas peur des brigands, et que, pour cela, je pris sur sa mine; car, à cette époque, c'était encore un des ennuis de l'Italie d'avoir à discuter avec les terreurs vraies ou fausses des voituriers et des aubergistes. Il fut convenu entre le *Carlone* et moi que nos étapes seraient invariablement fixées, quand même nous rencontrerions, comme cela m'était déjà arrivé, des bandes de paysans effarés nous criant de retourner sur nos pas. La police autrichienne était très-bien faite, et ces paniques ressemblaient beaucoup à des mystifications. Je ne voulais pas qu'elles servissent de prétexte à des jour-

nées de surplus dans le voyage. Le
Carlone me promit en riant d'aller
toujours devant lui, et de bien
rosser les brigands s'il en rencon-
trait.

Ce sobriquet de Carlone était ca-
ractéristique. On appelle ainsi la
statue colossale de *san Carlo Borro-
meo*, placée au bord du lac Majeur.
On sait que la terminaison en *one*
exprime la grandeur et la gros-
seur. Mon guide étant Milanais et
d'une stature proportionnée à son
embonpoint avait reçu cet honorable surnom.

J'avais toujours gardé au fond de
ma malle un pantalon de toile,

une casquette et une blouse bleue,
en cas de besoin, dans la prévision de courses dans les montagnes. Je pus donc dédommager mes
jambes du long engourdissement
des jours et des nuits de griffon-
nage et des promenades en gondole, et je fis une grande partie du
voyage à pied. Je vis tous les
grands lacs, dont le plus beau est,
à mon sens, le lac de Garde; je
traversai le Simplon, passant, en
une journée, de la chaleur torride
du versant italien au froid glacial
de la crête des Alpes, et retrou-
vant, le soir, dans la vallée du
Rhône, une fraîcheur printanière.
Je n'écris pas un voyage; je dirai
donc seulement que celui-là fut

pour moi un perpétuel ravissement.
J'eus un temps admirable jusqu'au
passage de la *Tête Noire* entre Mar-
tigny et Chamounix. Là, un orage
superbe me donna le plus beau
spectacle du monde. Mais le mulet
dont on m'avait persuadée de m'em-
barrasser ne voulant plus ni avan-
cer ni reculer, je lui jetai la bride
sur le cou, et, courant à l'aise sur
les pentes gazonneuses, j'arrivai à
Chamounix avant la pluie, dont les
gros nuages venaient lourdement
derrière moi, faisant retentir les
montagnes de roulements formidables et sublimes.

Je ne fis que deux rencontres
dans tout ce voyage. La première

fut celle d'Antonino, un petit perruquier que j'avais eu pour domestique à Venise, et que, voyant un
excellent sujet, dévoué et intelligent,
j'avais donné à Alfred de Musset
pour l'accompagner à Paris. Il était
convenu que s'il ne lui plaisait pas
de le garder, je le reprendrais à
mon retour. Mais Antonino s'était
senti pris de nostalgie, et il revenait à pied, à travers les Alpes,
quand, me rencontrant face à face,
habillée moins élégamment, mais
plus proprement que lui, reconnais-
sant ma figure et non ma personne travestie, il s'arrêta court, en
s'écriant à la manière de son
pays : *Ah! par le sang de Diane!...*

Puis il vint me baiser la main,
comme c'est la coutume de tout
serviteur et même des garçons d'auberge en Italie, et je me mis à
penser que, pour un passant, c'eût
été un spectacle assez bizarre que
celui de ce monsieur étriqué et
râpé, ayant encore un reste de
gants et un bout de chaîne d'or,
baisant galamment la main d'un
gamin en blouse, tous deux blancs
de poussière de la tête aux pieds.

Le pauvre Antonino était dans
une détresse complète. Ayant voulu
quitter Paris sans être congédié, il
n'avait pas dû prétendre au paye-
ment de son voyage, et il revenait
sans sou ni maille, traînant la se-

melle, mais toujours perruquier
dans ses habitudes, car il sentait la
pommade d'une lieue; et toujours
Vénitien, car il aimait mieux demander l'aumône que de ne pas
revoir sa chère cité.

Je m'amusai du récit de ses in-
fortunes, car il parlait le vrai italien assez purement et d'une façon
prétentieuse et divertissante, ne manquant jamais de dire *Venezia la
bella*, dans ses aspirations patrioti-
ques, et se plaignant de la nation
parisienne, *razza* essentiellement *so-
fistica*, selon lui.

Je lui donnai de quoi adoucir la
rigueur de son voyage, et j'eus

beaucoup de peine à le lui faire
accepter; car il ne comprenait pas
que mon costume et mon état de
piéton fussent un caprice de ma
part, et il me disait : « Je vois bien
que la mauvaise fortune a visité
aussi la signora. »

Il accepta enfin avec des larmes
et des témoignages d'une sensibilité
à la fois prétentieuse et naïve.

Ma seconde rencontre se divisa
en deux parties. Au passage du
Simplon, trois Anglais gravissaient
devant moi la route escarpée. Le
premier me regarda le dépasser
sans trop souffler, et, s'arrêtant,

me dit d'un air émerveillé : « *Il est
bien pénible !* »

Sur le mont Blanc, les trois mêmes Anglais descendaient le sentier
à pic comme je le gravissais. Je reconnus très-bien le premier, qui
passa en me saluant d'un air de
connaissance ; mais celui qui mar-
chait derrière lui se contenta de
me dire en soupirant et d'un ton
lugubre : « *Il est bien pénible !* »

Il est évident que si j'avais ren-
contré ce trio une troisième fois,
celui qui ne m'avait pas encore
parlé m'aurait dit la même chose.

Avant de tourner tout à fait le
dos à l'Italie, je veux dire un mot

des théâtres de Venise, bien que
ma position précaire m'ait permis
de voir fort peu de représenta-
tions. Madame Pasta chantait alors,
à la *Fenice*, avec Donzelli, un talent inférieur à Rubini, mais sym-
pathique et charmant, qui avait été
justement apprécié à Paris. Il y eut
une première représentation d'un
opéra de Mercadante, *la Fausta*, où
madame Pasta, remplissant un rôle
dans le genre de Phèdre, fut encore extrêmement belle. Trahie par
sa voix, elle chantait souvent faux
d'un bout à l'autre de son rôle;
mais le public italien, plus généreux que le nôtre, lui tenant
compte des moments où elle était
véritablement sublime comme tra-

17.

gédienne et comme cantatrice, l'ap-
plaudissait et la rappelait avec
transport. Quant à l'ovation du
compositeur, elle fut inouïe, et nos
habitudes parisiennes n'en donnent
aucune idée. Rappelé entre chaque
acte, le *maestro* était condamné à
traverser la scène en passant entre
le rideau et la rampe quinze et
vingt fois de suite. Modeste, gauche et naïf, le bon Mercadante
subissait cette exécution moitié
riant, moitié tremblant, et traînant
après lui, comme pour se donner
une contenance, la Pasta qui riait
de tout son cœur.

La Pasta était encore belle et
jeune sur la scène. Petite, grasse

et trop courte de jambes, comme
le sont beaucoup d'Italiennes, dont
le buste magnifique semble avoir
été fait aux dépens du reste, elle
trouvait le moyen de paraître grande
et d'une allure dégagée, tant il y
avait de noblesse dans ses attitu-
des et de science dans sa panto-
mime. Je fus bien désappointée de
la rencontrer le lendemain, debout
sur sa gondole et habillée avec la
trop stricte économie qui était devenue sa préoccupation dominante.
Cette belle tête de camée que j'a-
vais vue de près aux funérailles de
Louis XVIII, si fine et si veloutée,
n'était plus que l'ombre d'elle-
même. Sous son vieux chapeau
et son vieux manteau, on eût pris

la Pasta pour une ouvreuse de
loges. Pourtant elle fit un mouvement pour indiquer à son gondolier l'endroit où elle voulait aborder, et, dans ce geste, la grande
reine, sinon la divinité, reparut.

Je vis aussi à la Fenice un bal-
let fantastique de splendeur comme
décors et costumes, mais d'une telle
imbécillité comme art, que même
dans celles de nos villes de province où l'on attire le public en
annonçant sur l'affiche, *une décora-
tion tout en or*, on n'eût pu le supporter. L'or ruisselait en effet sur
les palais et les habits; mais tout
cela faisait quelque chose de bête
et de laid au dernier point, et il

me parut évident que le Vénitien,
toujours si passionné et même si
éclairé comme artiste dans son ap-
préciation du passé, était tombé
dans la barbarie quant à celle des
choses présentes.

Pourtant l'art dramatique me parut avoir encore son expression
nationale, dans le genre burlesque,
sur un théâtre où l'on jouait des
parodies, des farces classiques et
des comédies de Gozzi en vénitien. L'acteur chargé du *Zacometto*
(le Gilles vénitien) me parut, par
sa justesse et sa sobriété, marcher
de pair avec Debureau, et comme
il était souvent acteur parlant et
disait à merveille, il était peut-

être plus complet. J'ai oublié son
nom. Les pièces de Gozzi, portant
sur les mœurs populaires locales,
étaient charmantes de gaieté et de
naturel. Mais ce théâtre, bien que
propre et vaste, n'était suivi que
par le peuple, et aucun artiste
n'était là pour signaler le talent
des artistes qui tenaient la scène.

Je vis aussi, au jardin public,
un théâtre de jour en plein air,
construit comme toutes les salles
de spectacle, sauf le plafond, qui
n'existait pas, et dont l'absence
permettait au soleil d'inonder le public et la scène. Ces décors peints
et ces acteurs fardés en plein jour

étaient la chose la plus horrible
qu'on puisse imaginer. On jouait là
des drames de Kotzebue traduits en
italien, et il y avait là, comme
partout, de pauvres diables qui sentaient et disaient bien. Je crois que
dans le comique il y en a plus
relativement, dans ces troupes am-
bulantes et misérables, que dans
celles de nos provinces. Les Ita-
liens ont, ou avaient du moins à
cette époque, le sens comique plus
sobre, par conséquent plus fin, et
souvent plus chaste que nous. Cela
est sensible dans la nature du peuple, et le serait tout à fait dans
son art, si l'art pouvait se relever
chez un peuple tombé sous la do-
mination étrangère.

Ce qui faisait, pour mon goût,
le charme principal de Venise, et
ce que je n'ai retrouvé nulle part
ailleurs, ce sont les mœurs de l'é-
galité. Ce pays de l'aristocratie avait
eu la science républicaine oligarchi-
que de paraître nivelé par des lois
somptuaires, et les malheurs de la
défaite ont fait ensuite une réalité
de cette apparence. La localité se
prête d'ailleurs admirablement à
cette fusion des classes dans leurs
occupations et dans leurs plaisirs,
comme dans leurs sentiments et
dans leurs intérêts. L'absence d'équi-
pages et la rareté du sol font une
population homogène, qui se cou-
doie sur le pavé ou se presse sur
l'eau avec des égards indispensables

à la sûreté de chacun. Tous ces
piétons et toutes ces barques font
des têtes dont l'une ne dépasse pas
l'autre, où tous les yeux se rencontrent, où toutes les bouches se parlent, et cet échange de paresse et
d'enjouement qui fait là le fonds de
la vie, devient une sympathie fré-
missante et communicative devant
l'insolence cruelle de l'étranger. Enfin la beauté du lieu, le bon marché et les commodités de la vie,
l'absence d'étiquette, la proximité
des montagnes et de la mer, le
climat admirable, sauf un mois
d'hiver et deux mois d'été, la cor-
dialité de relations que ma manière
de vivre me permettait de restreindre à deux ou trois amis, tout

m'eût attachée à Venise si mes enfants eussent été avec moi, et j'y
rêvais souvent d'acheter, un jour, un
de ces vieux palais déserts que l'on
vendait alors dix ou douze mille
francs, pour revenir avec eux me
fixer dans un coin habitable et vivre de travail et de poésie dans
des ruines splendides. J'y ai bien
repensé quand le brave et le bon
Pépé a tenté de relever cette grande
nationalité et de la disputer hé-
roïquement à l'Autriche. Mais, malgré de sublimes efforts, elle est
retombée sous le joug, et les répu-
bliques ne sont plus.

De Genève j'accourus d'un trait
à Paris, affamée de revoir mes en-

fants. Je trouvai Maurice grandi et
presque habitué au collége. Il avait
des notes superbes : mais mon retour, qui était pour nous deux une
si grande joie, devait bientôt ramener son aversion pour tout ce
qui n'était pas la vie à nous deux.
Je revenais trop tôt pour son éducation classique.

Ses vacances s'ouvraient. Nous
partîmes ensemble pour rejoindre,
à Nohant, Solange, qui y avait
passé le temps de mon absence
sous la garde d'une bonne dont j'é-
tais sûre comme soins et surveil-
lance, et dont je me croyais sûre
comme caractère. Cette femme me
paraissait dévouée et remplissait

consciencieusement son office. Je
trouvai mon gros enfant propre,
frais, vigoureux, mais d'une sou-
mission à sa bonne qui m'inquiéta,
eu égard à son caractère d'enfant
terrible. Cela me fit penser à mon
enfance et à cette *Rose* qui, en
m'adorant, me brisait. J'observai
sans rien dire, et je vis que les
verges jouaient un rôle dans cette
éducation modèle. Je brûlai les verges et je pris l'enfant dans ma
chambre. Cette exécution mortifia
cruellement l'orgueil de Julie (elle
s'appelait Julie, comme l'ancienne
femme de chambre de ma grand'-
mère). Elle devint aigre et inso-
lente, et je vis que, sous ses quali-
tés essentielles comme ménagère,

elle cachait, comme femme, une
noirceur atroce. Elle se tourna vers
mon mari, qu'elle flagorna, et qui
eut la faiblesse d'écouter les calomnies odieuses et stupides qu'il lui
plut de débiter sur mon compte.
Je la renvoyai sans vouloir d'expli-
cation avec elle et en lui payant
largement les services qu'elle m'avait
rendus, Mais elle partit avec la
haine et la vengeance au cœur, et
M. Dudevant entretint avec elle une
correspondance qui lui permit de
la retrouver plus tard.

Je ne m'en inquiétai pas, et me
fussé-je méfiée de cette lâche aversion, il n'en eût été ni plus ni

moins. Je ne sais pas ménager ce
que je méprise, et je ne prévoyais
pas, d'ailleurs, que mes tranquilles
relations avec mon mari dussent
aboutir à des orages. Il y en avait
eu rarement entre nous. Il n'y en
avait plus depuis que nous nous
étions faits indépendants l'un de
l'autre. Tout le temps que j'a-
vais passé à Venise, M. Dudevant
m'avait écrit sur un ton de bonne
amitié et de satisfaction parfaite,
me donnant des nouvelles des enfants, et m'engageant même à voyager pour mon instruction et pour
ma santé. Ces lettres furent produi-
tes et lues, dans la suite, par l'a-
vocat général, l'avocat de mon
mari se plaignant des douleurs que

son client avait dévorées dans la solitude.

Ne prévoyant rien de sombre dans l'avenir, j'eus un moment de véritable bonheur à me retrouver à Nohant avec mes enfants et mes amis. Fleury était marié avec Laure Decerfz, ma charmante amie d'enfance, plus jeune que moi, mais déjà raisonnable quand j'étais encore un vrai diable. Duvernet avait épousé Eugénie, que je connaissais peu, mais qui vint à moi, comme un enfant tout cœur, me demander de la tutoyer d'emblée, puisque je tutoyais son mari. Madame Duteil qui, plus jeune que moi aussi, était déjà mon ancienne

amie; Jules Néraud, mon Malgache
bien-aimé; Gustave Papet, un ca-
marade d'enfance, un ami ensuite;
l'excellent Planet avec qui mon
amitié datait seulement de 1830,
mais dont l'âme naïve et le tendre
dévouement savaient se révéler de
prime abord; enfin, Duteil, l'un
des hommes les plus charmants qui
aient existé, lorsqu'il n'était qu'à
moitié gris, et mon cher Rollinat,
voilà les cœurs qui s'étaient donnés
à moi tout entiers. La mort en a
pris deux [1], les autres me sont res-
tés fidèles.

[1] Hélas! au moment où je relis cette page,
un troisième est parti aussi. Mon cher Malgache
ne recevra pas les fleurs que je viens de cueillir
pour lui sur l'Apennin.

Fleury, Planet (Duvernet dans ses fréquents voyages à Paris), avaient été les hôtes de fondation de la mansarde du quai Saint-Michel et ensuite de celle du quai Mala-quais. Parmi les huit ou dix per-sonnes dont s'était composée cette vie intime et fraternelle, presque toutes rêvaient un avenir de liberté pour la France, sans se douter qu'elles joueraient un rôle plus ou moins actif dans les événements soit politiques, soit littéraires de la France. Il y avait même là un en-fant, un bel enfant de douze à treize ans, mêlé à nous par le ha-sard, et comme adopté par nous tous. Intelligent, gracieux, sympa-thique et divertissant au possible,

18

ce gamin, qui devait être un jour
un des acteurs les plus aimés du
public et que je devais retrouver
pour lui confier des rôles, s'appelait Prosper Bressant.

Celui-là, je le perdis de vue en
partant pour l'Italie, d'autres plus
tard et peu à peu; mais le noyau
berrichon que, les circonstances ai-
dant, je devais retrouver toujours,
je le retrouvais à Nohant en 1834,
avec une joie nouvelle, après une
absence de près d'une année.

Je fis, avec plusieurs d'entre eux,
une promenade à Valançay, et, au
retour, j'écrivis, sous l'émotion
d'une vive causerie avec Rollinat,

un petit article intitulé *le Prince*, qui
fâcha beaucoup, m'a-t-on dit, M. de
Talleyrand. Je ne le sus pas plutôt
fâché, que j'eus regret d'avoir pu-
blié cette boutade. Ne le connais-
sant pas, je n'avais senti aucune
aigreur personnelle contre lui. Il
m'avait servi de type et de prétexte
pour un accès d'aversion contre les
idées et les moyens de cette école
de fausse politique et de honteuse
diplomatie dont il était le repré-
sentant. Mais, bien que cette vieil-
lesse-là ne fût guère sacrée, bien
que cet homme à moitié dans la
tombe appartînt déjà à l'histoire,
j'eus comme un repentir, fondé ou
non, de ne pas avoir mieux déguisé sa personnalité dans ma cri-

tique. Mes amis me dirent en vain
que j'avais usé d'un droit d'historien pour ainsi dire; je me dis,
moi, intérieurement, que je n'étais
pas un historien, surtout pour les
choses présentes; que ma vocation
ne me commandait pas de m'attaquer aux vivants, d'abord parce que
je n'avais pas assez de talent en
ce genre pour faire une œuvre de
démolition vraiment utile, ensuite
parce que j'étais femme, et qu'un
sexe ne combattant pas contre l'autre à armes égales, l'homme qui
insulte une femme commet une
lâcheté gratuite, tandis que la
femme qui blesse un homme la
première, ne pouvant lui en rendre raison, abuse de l'impunité.

Je ne détruisis pas mon petit ouvrage, parce que ce qui est fait est
fait, et que nous ne devons jamais
reprendre une pensée émise, qu'elle
nous plaise ou non. Mais je me
promis de ne jamais m'occuper des
personnes quand je n'aurais pas
plus de bien que de mal à en dire,
ou quand je n'y serais pas contrainte par une attaque personnelle calomnieuse.

J'aurais bien eu, par moments,
une certaine verve pour la polémi-
que. Je le sentais, à l'ardeur de
mon indignation contre le men-
songe, et je fus cent fois sollicitée
de me mêler au combat journalier

de la politique. Je m'y refusai obs-
tinément, même dans les jours où
certains de mes amis m'y poussaient
comme à l'accomplissement d'un devoir. Si on avait voulu faire, avec
moi, un journal qui généralisât le
combat de parti à parti, d'idée à
idée, je m'y fusse mise avec courage, et j'aurais probablement osé
plus que bien d'autres. Mais restreindre cette guerre aux proportions d'un duel de chaque jour,
faire le procès des individus, les
traduire, pour des faits de détail, à
la barre de l'opinion, cela était an-
tipathique à ma nature et probablement impossible à mon organisation. Je ne me fusse pas soutenue
vingt-quatre heures dans les condi-

tions de colère et de ressentiment
sans lesquelles même les justes sé-
vérités ne peuvent s'accomplir. Il
m'en a coûté parfois de faire partie
de la rédaction d'un journal ou
seulement d'une revue, où mon
nom semblait être l'acceptation
d'une solidarité avec ces exécutions
politiques ou littéraires. Quelques-
uns m'ont dit que je manquais de
caractère et que mes sentiments
étaient tièdes. Le premier point
peut être vrai, mais le second étant
faux, je ne pense pas que l'un soit
la conséquence rigoureuse de l'autre. Je me rappelle que bon nombre de ceux qui, en 1847, me re-
prochaient vivement mon apathie
politique et me prêchaient *l'action*

en fort beaux termes, furent, en
1848, bien plus calmes et bien
plus doux que je ne l'avais jamais
été.

Avant d'aborder l'année 1835 où,
pour la première fois de ma vie,
je me sentis gagnée par un vif intérêt aux événements d'actualité, je
parlerai de quelques personnes avec
lesquelles je commençais ou devais
commencer bientôt à être liée.
Comme ces personnes sont toujours
restées étrangères au monde politique, il me serait difficile d'y revenir quand j'entrerai un peu dans
ce monde-là, et, pour ne pas inter-
rompre alors mon sujet principal,

je compléterai ici, en quelque sorte, l'histoire de mes relations avec elles, comme je l'ai déjà fait pour M. Delatouche.

CHAPITRE QUATRIÈME.

Madame Dorval.

J'étais liée depuis un an avec madame Dorval, non pas sans lutte avec plusieurs de mes amis, qui avaient d'injustes préventions contre elle. J'aurais beaucoup sacrifié à l'opinion de mes amis les plus sérieux, et j'y sacrifiais souvent, lors

même que je n'étais pas bien con-
vaincue; mais pour cette femme,
dont le cœur était au niveau de
l'intelligence, je tins bon, et je fis
bien.

Née sur les tréteaux de province,
élevée dans le travail et la misère,
Marie Dorval avait grandi à la fois
souffreteuse et forte, jolie et fanée,
gaie comme un enfant, triste et
bonne comme un ange condamné à
marcher sur les plus durs chemins
de la vie. Sa mère était de ces na-
tures exaltées qui excitent de trop
bonne heure la sensibilité de leurs
enfants. A la moindre faute de Marie, elle lui disait : « *Vous me tuez,
vous me faites mourir de chagrin !* »

Et la pauvre petite, prenant au sérieux ces reproches exagérés, passait
des nuits entières dans les larmes,
priant avec ardeur, et demandant à
Dieu, avec des repentirs et des remords navrants, de lui rendre sa
mère, qu'elle s'accusait d'avoir assas-
sinée; et le tout pour une robe dé-
chirée ou un mouchoir perdu.

Ébranlée ainsi dès l'enfance, la
vie d'émotions se développa en elle,
intense, inépuisable, et en quelque
sorte nécessaire. Comme ces plantes
délicates et charmantes que l'on voit
pousser, fleurir, mourir et renaître
sans cesse, fortement attachées au
roc, sous la foudre des cataractes,
cette âme exquise, toujours pliée

sous le poids des violentes douleurs,
s'épanouissait au moindre rayon de
soleil, et cherchait avec avidité le
souffle de la vie autour d'elle, quelque fugitif, quelque empoisonné parfois qu'il pût être. Ennemie de toute
prévoyance, elle trouvait dans la
force de son imagination et dans
l'ardeur de son âme les joies
d'un jour, les illusions d'une heure,
que devaient suivre les étonne-
ments naïfs ou les regrets amers.
Généreuse, elle oubliait ou pardonnait; et, se heurtant sans cesse à
des chagrins renaissants, à des déceptions nouvelles, elle vivait, elle
aimait, elle souffrait toujours.

Tout était passion chez elle, la

maternité, l'art, l'amitié, le dévouement, l'indignation, l'aspiration religieuse; et comme elle ne savait et
ne voulait rien modérer, rien refouler, son existence était d'une plé-
nitude effrayante, d'une agitation
au-dessus des forces humaines.

Il est étrange que je me sois attachée longtemps et toujours à cette
nature poignante qui agissait sur
moi, non pas d'une manière funeste
(Marie Dorval aimait trop le beau
et le grand pour ne pas vous y
rattacher, même dans ses heures de
désespoir), mais qui me communi-
quait ses abattements, sans pouvoir
me communiquer ses renouvelle-
ments soudains et vraiment mer-

veilleux. J'ai toujours cherché les
âmes sereines, ayant besoin de leur
patience et désirant l'appui de leur
sagesse. Avec Marie Dorval j'avais
un rôle tout opposé, celui de la
calmer et de la persuader; et ce
rôle m'était bien difficile, surtout à
l'époque où, troublée et effrayée de
la vie jusqu'à la désespérance, je ne
trouvais rien de consolant à lui dire
qui ne fût démenti en moi par une
souffrance moins expansive, mais
aussi profonde que les siennes.

Et pourtant ce n'était pas par
devoir seulement que j'écoutais sans
me lasser sa plainte passionnée et
incessante contre Dieu et les hommes. Ce n'était pas seulement le dé-

vouement de l'amitié qui m'enchaî-
nait au spectacle de ses tortures;
j'y trouvais un charme étrange, et
dans ma pitié il y avait un respect
profond pour ces trésors de douleur
qui ne s'épuisaient que pour se re-
nouveler.

A très-peu d'exceptions près, je
ne supporte pas longtemps la société des femmes; non pas que je
les sente inférieures à moi par l'intelligence : j'en consomme si peu
dans le commerce habituel de la
vie, que tout le monde en a plus
que moi autour de moi; mais la
femme est, en général, un être ner-
veux et inquiet, qui me commu-
nique, en dépit de moi-même, son

trouble éternel à propos de tout.
Je commence par l'écouter à regret, et puis je me laisse prendre à
un intérêt bien naturel, et je m'a-
perçois enfin que dans toutes les
agitations puériles qu'on me raconte
il n'y a pas de quoi fouetter un
chat.

D'autres sont vaines sitôt qu'elles
deviennent sérieuses, et celles qui
ne sont pas artistes de profession
arrivent souvent à un orgueil dé-
mesuré, dès qu'elles sortent de la
région des caquets et de la préoccupation exagérée des petites choses. C'est un résultat de l'éducation
incomplète; mais cette éducation le
fût-elle moins, il resterait toujours

à la femme une sorte d'excitation maladive qui tient à son organisation, et qui en fait le tourment quand, par exception, elle n'en fait pas le charme.

FIN DU TOME DIX-SEPTIÈME.

TABLE

DU TOME DIX-SEPTIÈME.

TROISIÈME PARTIE.

(*SUITE.*)

CHAPITRE VINGT-SEPTIÈME.

(Suite.)

CHAPITRE VINGT-HUITIÈME.

CINQUIÈME PARTIE.

CHAPITRE PREMIER.

CHAPITRE QUATRIÈME.

ERRATUM.

Il y a eu erreur dans la division des parties. Au commencement du volume XIII, il faut lire : QUATRIÈME
PARTIE, CHAPITRE PREMIER.

www.ingramcontent.com/pod-product-compliance
Lightning Source LLC
Chambersburg PA
CBHW072122020726
47501CB00003B/931